优势谈判心理学

张维维 著

北京燕山出版社
BEIJING YANSHAN PRESS

图书在版编目（CIP）数据

优势谈判心理学 / 张维维著 . -- 北京 : 北京燕山
出版社 , 2023.3
ISBN 978-7-5402-6650-9

Ⅰ . ①优… Ⅱ . ①张… Ⅲ . ①谈判学 – 社会心理学 –
通俗读物 Ⅳ . ① C912.3–49

中国版本图书馆 CIP 数据核字（2022）第 178751 号

优势谈判心理学

著　　者	张维维
责任编辑	王　涛
封面设计	韩　立
出版发行	北京燕山出版社有限公司
社　　址	北京市西城区琉璃厂西街 20 号
邮　　编	100052
电话传真	86–10–65240430（总编室）
印　　刷	河北松源印刷有限公司
开　　本	880mm×1230mm　1/32
字　　数	160 千字
印　　张	7
版　　次	2023 年 3 月第 1 版
印　　次	2023 年 3 月第 1 次印刷
定　　价	38.00 元

发 行 部　010–58815874
传　　真　010–58815857

如果发现印装质量问题，影响阅读，请与印刷厂联系调换。

所谓谈判就是双方或者多方基于各自的需求通过沟通而达成妥协的过程。谈判是人与人交流的普遍形式，通过谈判我们向他人传达自己的期待、需求和欲望，我们同样也通过谈判去了解别人的期待、需求和欲望。谈判的主体可以是国家、团体、组织，当然也可以是个人，谈判的形式并不一定需要正规地开会探讨，个人就私事进行协商、争辩也可以是谈判。从这个意义上来说，谈判是社会中一个极其广泛的应用技巧，渗透在生活的每一个角落。日常工作中的人际沟通，是谈判；和家人协商一个旅行计划，是谈判；去商店购物与卖家讨价还价，是谈判；男女之间的相亲、恋爱，也是谈判……事实上，我们一生都在进行谈判，只是我们没有意识到罢了。我们从出生时就开始谈判。第一次我感到饿的时候，我们便用哭喊与妈妈谈判，直到她喂我吃的为止。我们无意识地这样做，是天性使然。接下来我们不停地与所有遇到的人谈判，玩伴、同学、朋友、老板、同事等。男孩会和女孩谈判，反之亦然。夫妻更是经常互相谈判。当你买车买房的时候，当你和朋友决定看哪一部电影的时候，都会有谈判出现。因此，谈判并不仅仅存在于复杂的商业贸易和政治外交当中，它其实是人们日常生活的一部分，甚至它就是生活本身。

　　生活中处处都是谈判场，我们每个人都是谈判的参与者，因此学习谈判中的心理博弈策略和技巧是必不可少的。本书以谈判心理为切入点，结合生动真实的案例，从独特的心理学视角，为读者提供优势谈判的指南，全面系统地揭示心理学在谈判中的运用，比如，如何从对手的反应中获得更多信息；如何营造强大的气场，占据心理优势；如何抓住对方的弱点，突破其心理防线；如何化解剑拔弩张的敌对情绪，打破谈判僵局；如何说服对方心悦诚服地做出让步，达成谈判目标；等等。本书既阐释了在谈判中应该掌握和运用的心理法则，又更深入地阐述了我们在谈判过程中遇到难题时应该采取怎样的心理应对方式，并有针对性地提出了一些切实可行的方法。读者通过本书能轻松提高自己的谈判能力，在跌宕起伏的谈判中应付自如，轻松应对各种场景的谈判，从而踏上辉煌的成功之路。无论你的谈判对手是公司老板、同事，还是房产中介、保险经纪人，或者是朋友、生意伙伴，你都能从本书中获取谈判心理学的相关知识，让你受益匪浅。

C O N T E N T S 目录

第三章

缩短心理距离，把对手变成"自己人"

第四章

运用心理诱导，让对方不知不觉说"是"

第五章
实施心理震慑，不战而屈人之兵

第六章
找准心理弱点，以我之强攻敌之短

第七章

发动心理反击，见招拆招扭转谈判劣势

第八章

利用心理降服，让对方心悦诚服地接受

第九章

活用心理博弈，让步也可能最后赢全局

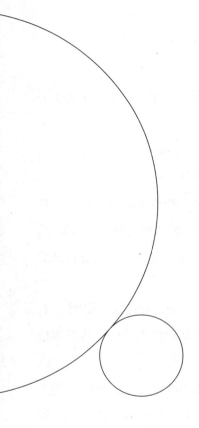

第一章

制造心理势差，
开局就取得控场优势

○ 见面时一定要主动打招呼

主动打招呼，先下手为强。给对方一个充满朝气、热情大方的印象。

当我们散步街头或是乘地铁时，经常会碰到一些不太熟的人，这时我们往往会犹疑，"该不该打招呼呢"。

碰到这种情况时，你会想"我要是冒昧地上去打招呼，也许对方会觉得很稀奇，那多不好啊"，或是想"和他聊些什么呢"。犹疑的同时，你就会错过了打招呼的时机，或许马上改变自己的路途，故意不打招呼就溜走了。

请大家记住，假如熟悉对方，就一定要主动上去打招呼。有句话叫"人脉带来商机"，只有平常主动和他人应酬，热衷和他人交流，才能扩展你的人脉和商机。

当你碰到了熟悉的人，哪怕还相隔 100 米以上，也应该先点头致意。主动和对方打招呼，能抬高对方，这样做可以轻易让对方心情愉悦。但是，打招呼慢了的一方往往会有"糟了"，"我太失礼了"的心情，所以也不要太过于主动地去打招呼。

打招呼时，先下手为强。首先启齿打招呼的人，就能牢牢把握住对话的主动权。不论对方地位多高，岁数多大，你主动向他们打招呼的话，都能在他们心理上施加一定的压力，有可能使他们跟着你的节奏进行对话。

某项心理学实验证明，假如让一些人组成小组进行讨论，首先发言的人很自然地就会成为会议主席。从我们个人的阅历来看，这也是十分容易了解的。

当你远远看到熟悉的人来，假如觉得打招呼有点太早，就暂时先把头低下，然后渐渐抬起头，显露笑容，向对方走去。这时，对方已经被你的气势控制，你可以随意地选择话题或是控制对话的节奏。

擅长打招呼以及和他人应酬的人能轻易得到他人的青睐。由于这类人会笑眯眯地、大声地道"你好"，这样的问候会让人精神为之一振，心情变得很愉快。就我们自身来讲，假如他人主动和我们打招呼，我们的自尊心就会马上得到满足。我们会觉得得到了他人的承认，会十分高兴。

在主动出击去打招呼时，切记要稍微做得夸张一点。这一点在一切的人际交往技巧中都适用，如果不稍微做得夸张一点的话，对方往往注意不到你的行为。既然你是主动打招呼，那就不要只是悄悄一低头，嘟嘟囔囔地道一声"你好"，而应充分显示出自己的热情。

○ 握手占优势的技巧

　　握手是正式场合人际交往的重要礼仪，即使是这样一个简单的动作，也能通过一定技巧，从而达到"制人"的效果。

　　握手，它是交际的一个部分。握手的力量、姿势与时间的长短往往能够表达出握手对对方的不同礼遇与态度，显露自己的个性，给人留下不同印象，也可通过握手了解对方的个性，从而赢得交际的主动。美国著名盲聋女作家海伦·凯勒曾写道：我接触的手有的能拒人千里之外，也有些人的手充满阳光，你会感到很温暖……事实也确实如此，因为握手是一种语言，是一种无声的动作语言。

　　一般说来，握手可以传达以下三种信息："我的力气（地位）比你更胜一筹""让我们以对等的关系相互协作吧""我服从你"。下面让我们依据这三种不同的信息，分别来介绍一下握手的技巧。

　　1. 让对方感觉到你的气势。想让对方听你的话，或是想传达"我是担任人"的信息时，握手时手掌应该向下，这样就显示了"你的地位比我低"的气势。此外，握手时间稍微长一点，也能让对方感觉到你的气势。由于这在无形中传达了"我已经控制了你"的信息。

　　2. 和对方树立对等的关系。假如想和对方树立对等的关系，应该用和对方相同的力气去握对方的手。假如对方伸过来的手十分有力气，那你就应该同样有力地去握手。假如对方只是稍稍一握，那你就同样稍稍地握对方的手。这样就传达了"我和你相互配合"的意思。

此外，握手时手应该尽可能平着伸出去。假如自上而下伸出去的话，就成了气势型握手；从下而上像讨物品一样伸出去的话，就成了服从型握手。

3. 表示你服从对方。假如对方的势力及地位比你高很多，为了迎合对方，在战术上应该表现自己弱的一面。在这种情况下，应该采用服从型握手的方式。

想传达"我愿意服从你"的信息时，应该让手掌朝上，像讨物品那样把手伸出去，这和气势型握手正好相反。假如对方伸出来的手十分有力气，你就要稍微减轻一下力气。当然不能脆弱无力，但应该向对方传达出依据对方握手的力气，你已经做好了抽手预备的信息。

○ 控制空间就等于控制人心

空间的占有是最直接的一种存在感的体现，一个存在感强烈的个体不会被人忽视、怠慢，只会被人重视、尊敬。

一个人的地位越高，可以占有的空间就越宽广。无论是高级轿车，还是官邸、办公室等。

另一方面，地位低的人拥有的空间十分有限。很多人挤在一个办公室里，只能和大家共享一个空间。也就是说，是否能拥有足够的空间正是地位高不高的一个标志。

在商业谈判中，能不能占到优势和能不能控制对方的空间紧密相连。假如能控制更多的空间，就能得到更多的利益。

比如，你在和对方面对面坐着交谈，假如想摆出强硬有力的姿态，就应该不露痕迹地把自己的咖啡杯和记事本往前放，这样可以侵犯到对方的空间。把自己的笔和材料等物品"咚"的一声放到桌子上叫作"做标志"表示"这里是我的空间"。

在桌子上争取到足够多的空间，仅仅这一点就能给对方施加无形的压力。经常有这种状况，在商业谈判中，虽然开端时大家都是对等的，但是谈判完毕时，占桌子空间更多的一方往往能得到有利的结果。因此，依据占据空间的多少甚至可以猜测出谈判的结果。

假如对方用咖啡杯和其他物品占据了你的空间，你该怎样办呢？当然，你不能听任不管。为了表示你不答应对方侵犯你的空间，你应该不露声色地还击，去占据对方的空间。你可以道一句"有一份材料想请您看看"，这样就很自然地把对方的物品从桌子上拿开，并且还能起到还击的作用，即利用你的材料去占据对方的空间。因此你应该随身携带一些无关紧要的材料，在对方侵占了你的空间时，作为还击的武器派上用场。

控制空间就是控制在空间中人物的心理。请尽量多占据一些对方的空间，这是一个能让你在商业谈判中取胜的战术。

在与人交谈时或在谈判中过于紧张的人，应该事前把用得很顺手的笔和记事本放在桌子上。只需你控制了桌子上的空间，就可以在心理上处于优势地位，从而渐渐安静下来，不再紧张。

○ 时刻记住，抢占时间就是抢占人心

抢占时间，也是占有控制权的一种。谁能在时间上抢占先机，谁就能在气势上凌驾于对方之上。

除了争夺空间，争夺时间也是心理战中的有效战术。假如你能占据对方的时间，就表明你具有为所欲为操纵对方时间的才干。因此，当你预备和对方见面时，应该尽可能地依据你的状况决议见面的时间，绝对不可以说"依据您的时间定吧"这样的话。否则，你就是主动降低了自己的气势。

在会晤中，邀请对方访问是强大的一个标志。这一点适用于商业中的时间约定。也就是说可以决议会晤日期的一方在当天的会晤中可以发挥巨大的指导作用。

假如对方提出要在星期几或是哪天见面的话，那你就要决议见面的具体时间。假如不想在见面时被对方的气势压倒，秘诀就是不让对方从头到尾把握控制权。假如你有"对方特意来和我见面"这种想法的话，你的气势就非常容易受挫，很轻易对对方唯命是从。

在商业谈判中，假如可能的话，你应该掌控对方的时间。这

样从一见面，你就把对方放在了一个比你低的位置上，最简单的方法就是让对方等你。让对方等你也就是占据了对方的时间。

加利福尼亚州立大学的心理学家罗伯特·莱宾教授指出：让对方等候时间的长短，取决于这个人的重要水平。比如学校里的教授，能让学生长时间等候的教授往往会被认为是重要人物。

人们总是不愿意找有很多闲暇时间的财务顾问和律师咨询问题。他们从内心深处更愿意找那些见一面都十分难且日程表上接连好几个月都没有闲暇时间的顾问咨询问题。

依据心理学家詹姆斯·鲁斯和卡萨力·安达克共同做的一个实验，我们得知，大学课堂上假如讲师上课迟到，学生只等 10 分钟就会回去，副教授的话能等 20 分钟，教授的话能等 30 分钟。由此可见，随着地位的提高，一个人能占据的对方的时间也会增加。

在谈判中，假如想让对方答应你的要求，那就比约定的时间晚几分钟再去，这是一个有效战术。假如迟到几十分钟的话，会让对方觉得你很没有礼貌。但假如只迟到几分钟的话就完全没有问题。这样，占据对方的时间就成为一个事实，你就能给对方留下"我是一个重要人物"的印象。

在谈判进程中，请同事或秘书给你打电话，然后对对方说："对不起，我接一下电话"，让对方等你 5 分钟左右，这也是一种谈判技巧。通过占据对方的时间，无形中取得了心理优势，并且可以向对方表明"我可是个大忙人"。

无论你多么闲暇，都不能让对方看穿这一点，否则你就不能成为一名成功的商人。你应该显得十分忙，并且要尽可能按自己的步伐控制时间，这是一个简简单单就能控制别人的方法。

○ "时间被占用"的反击方法

时间是何等的重要！我被你占用的时间，一定要用你的愧疚感作为补偿。

当对方控制了你的时间时，让对方产生愧疚感就是最有效的还击方法。

例如，当对方故意比约定的时间来得晚的时候，你一定要特意强调"没关系，我真的不在意你迟到了"，这样就会让对方在心理上产生愧疚感。

斯坦福大学的心理学家麦力鲁·卡鲁史密斯博士和威斯康辛大学的阿兰·克劳斯博士曾经通过实验证实，心中怀有愧疚感的人会轻易服从对方。在实验中，他们让一位学生（不知情的被实验者）由于运用电器形成对方休克（实际上对方并没有遭到电击）而产生愧疚感，在这之后，这位学生对对方提出的毫无道理的要求的服从率是平常的 3 倍。

因此，在对方占据了你的时间时，让他产生愧疚感，是一种有效战术。

当对方占据了你的时间时，还有一种还击的方法，就是再去占据对方的时间。比如，当对方说"抱歉，请稍等"，分开一会儿的时间，你就把自己的材料在桌子上摆开，不慌不忙地开始安排任务。即使在对方回来之后，你也可以道一句"请稍等一下"，继续你的任务。这样就又占据了对方的时间，在谈判中就取得了相对的平衡。

假如你没有什么事情来打发这段时间的话，那就随意和谁打个电话。在对方回到座位之后，你也不要马上挂电话，让对方再稍等一会儿。这样就向对方传达了"我可是十分忙的"讯息，向对方施加了无形的压力。

当你觉得对方要控制你的时间的时候，马上告辞也是一种有效的战术。你无妨试一试这个方法，你可以对秘书说："××先生看上去很忙啊。请以后再和我联络。我还有别的事情要处理。"然后告辞。假如对方是故意让你等候，那么这时他应该会很焦急，就会马上出来见你。即使对方没有出来，由于你已经把告辞理由说得清清楚楚，也不会显得没有礼貌。

此外，在对对方占据你的时间还击时，还有一条规则是占据对方的时间应该和对方占据你的时间相同。假如对方占据了你 5 分钟，那么你就随意和谁打个电话，再占他 5 分钟。假如对方占据了你 10 分钟，那你就夺回这 10 分钟，这种"马上回击战术"是十分有效的。

○ 把对方引入你的"领地"

在自家办事，总是有一种"我的地盘儿听我的"这样的自信。

进行商业谈判时，你应该尽量让对方来你的公司。凡是第一次见面，应该尽可能想方设法让对方来你的公司。这是为什么呢？由于你的办公室是你这一方的"优势空间"，你很熟悉自己的办公室，你不会产生不必要的紧张，并且能给对方施加心理上的压力。

在体育界中，在对手所在地进行竞赛叫作"客场"（awayground），在自己的地盘上进行竞赛叫作"主场"（homeground）。依据大量的调查我们发现，人们在自己的地盘上进行竞赛时能更轻易地取胜。这是由于人们到了一个陌生的地方，就会害怕，从而不能轻易发挥出自己的才干。

依据动物行为学家拉杰克的观察得知，即使是平常很害怕的小狗，也敢追逐跑到自家院子里的大狗。鸡也是一样，假如别的鸡跑到自己的鸡栏里来，原来在栏里的鸡就会有一种优势，它会去追逐后来的鸡。

田纳西大学的心理学家卡洛伊和萨德斯·特劳姆曾经做过一个让大学生们讨论问题的实验。这个实验是在大学生的宿舍里进行的，分为"在自己的宿舍讨论"和"打搅他人，在他人的宿舍讨论"两种情况。实验中，用秒表静静记载了在自己的宿舍发言的人的发言量以及以"客人"的身份去他人的宿舍发言的人的发言量。结果表明：在自己宿舍里讨论的人可以自在发言，与此相对，作为客人时却发言不多。并且，在两个人意见不一致的时候，在自己宿舍的人的发言占绝对优势。这个实验的结果证实了"在自己的领地进行谈判，心理上能处于优势地位"这条法则。把对方叫到你的领地里来，自然就能提高你的谈判才干。

公司的高层人员之所以可以对部下发号施令，是由于他拥有和他的地位相应的优势空间———个人的办公室，他能把部下叫到自己的办公室来。假如你能把对方叫到你的办公室进行商业谈判的话，就能进一步提高你的优势地位，这就是你的"领地"的作用。

在商务活动中招待客人时，选择自己常去的饭店已经是大家的常识。你常去的饭店就好似是你的领地，可以起到在你的地盘招待客户的效果。假如是对方招待你的话，你应该事先去招待场所看一下。店主是个怎样的人，洗手间在哪里，事先了解了这些信息，你的心理压力就会减轻很多。

○ 不妨放一个"烟幕弹"

我们不必像变色龙一样千变万化，但是也要学会在某些时刻用适当的方式掩饰真实的自己。高手就经常放个"烟幕弹"来保持自己的神秘感，让别人永远不知道自己到底在想什么，也是保护自己的一种方式。

有一名叫戴维斯的年轻人去福特的工厂里找他，想卖给他一块地皮。

福特穿着一双破靴子，斜着身子靠在那儿，仔细地倾听戴维斯说的话。那块地皮正好在福特已购买的地皮中间，按理说，他们很快就能谈成这笔生意，而且戴维斯的推销技巧也很不错，可福特的反应却让戴维斯在很长时间内都摸不着头脑。

福特没有直接回答他，而是把桌子上的织状物递给戴维斯看，福特问："你知道这是什么吗？"

戴维斯摇摇头。于是，福特开始详细地给他解释，说这是一种新发明的材料，福特想用这种材料做"福特汽车"的骨架。

福特给他介绍了这种材料的来历，说它有什么样的好处，福特针对这个新材料足足谈了一刻钟。他给戴维斯详细谈了他准备对明年的汽车换个新式样的计划，显然戴维斯搞不清福特为什么这么做，可他却感到很高兴。

最后，福特才说他对那块地不感兴趣，然后亲自送他出门。

福特没说他为什么不想买那块地，也无须与人争辩，就直接回绝了他人的建议，同时，还让那个人很高兴地离去了。

福特的方法是十分巧妙的。他把自己的计划全部告诉了他人，让人感到高兴。可是，其实这是在放"烟幕弹"。他早就下了某种决定，以免让自己的真实想法流露在自己的言行之中。一个人只有先控制自己的情感，才能有机会去控制他人，这是驾驭他人的最重要的一点。

我们看福特、什瓦普、林肯这些人，他们都能熟练地运用这一策略，不到紧要关头，决不透露自己的真正想法。他们会在可能的范围内尽量赢得对方的好感。

史特郎曾这样描述什瓦普："拜访者见他是十分容易的，可是当他们离开时，他们才发现，自己没能打听到任何想要的消息，只是听了很多笑话。"

当他人问林肯一些十分难以回答的问题，而该问题还不能尽快解决时，他就会反过来询问对方，或者给对方讲些小故事，这就是在暗示客人该告辞了。

一位年轻记者总能得到采访大实业家冯德彼特的机会，可是却总也得不到什么实质性的东西。可是，冯德彼特的亲和力却经常让他在谈论中忘记时间。他为对方独特的魅力所倾倒，觉得能和他在一起谈话是一种极其美好的享受。

这些领袖要么让对方说话，要么就讲故事，或者向对方提问，或者用一种奇妙的方式让对方拜倒在自己的魅力之下。总而言之，他们擅长用迷人的方法使你不能达到自己的目的。

我们再看另一个妙策。

曾做过菲尔德公司秘书的辛普森后来成了公司的总经理。早年，有一次，他在代表菲尔德会见各地客商的会议上一言不发，只是在那儿闷着头抽烟。后来，他人向菲尔德说了辛普森的表现。菲尔德问辛普森："听说你抽了特别多的烟？"辛普森回答："是啊，为了不开口，我也只能抽烟了。"

我们也应该在类似的事情上多加留心。在某些场合，我们不但要少说话，还要努力让自己神色平静。有时，一脸平静地听他人讲话也是非常必要的。

老于世故的芒格说："在他人讲话时，你可以看一些别的东西，比如说，你可以悠闲地看看桌上的一个花瓶，在他人看来，你就会有一种捉摸不透的感觉。"

纽约一位优秀的律师曾经对作者说，他就运用过辛普森的方法："我总在审判的时候抽烟，借以掩饰自己的真情实感。"

在一些特殊场合，我们需要冷漠地对待他人，不作任何反应。

著名的基安尼里是意大利银行的创办人，他说自己就遇到过这种情况。当时，他就作出了如下对策：无论对方有什么反应，他一概不理，只是专心想自己的事情，"对于对方的话，你可以左耳进，右耳出嘛"。

也许，这些人要让自己在任何状态下都能做到稳如泰山。在提及拉斯科普做共和国民会议主席时，普兰格尔说："人们可以安心与他共事，他早就学会了不动声色地对待任何人和事。当一个人了解一件事的来龙去脉，但表面上却不动声色时，这才是真正的聪明人。对于商业精英和目光远大的人来说，这只是小把戏而已。"

当我们处于一种尴尬的处境，但不回应他人又显得有些蠢笨的时候，我们也可以讲几句令人发笑的笑话，就像下面两个例子中的豪斯将军和惠灵顿公爵那样。

1917 年夏天，当豪斯将军退居他的别墅时，外界传言说他和威尔逊总理已经决裂。新闻记者在他身边转悠，让他对此事作出明确的回应，他答道："这个谣言好像传播得太晚了，总的来说，它总是伴随着仲夏海蛇的童话一同到来。"

　　惠灵顿公爵打败了拿破仑，后来，有人给他看法军在屠龙一带布置得不太严密的计划，那些人请求公爵批准将此事作为历史上的一段趣闻。惠灵顿严肃地说："好计划……如此美满的计划！太妙了！请你把这个计划还给拿破仑将军，并代我向他表示谢意。"

　　有时，为了谨慎起见，可以如实地告诉对方自己在某方面的无知，以免日后证明自己判断有误时，被众人所笑。

　　斯普拉格是芝加哥一家大批发店的经理。一次，他就说起了菲尔德是如何运用这个技巧的。少年时，斯普拉格总去拜访菲尔德，他们是世交，他问菲尔德怎样才能做到明智地投资。菲尔德是许多公司的顾问，他当然十分熟悉内幕消息，但他不可能用自己的地位介绍任何特别的投资。于是，他就只对斯普拉格说自己以前做过什么生意，但是，接下来，他往往会说："我不知道你还对这些有兴趣……"或者是"我的意思并不是要你注意我说的话……"有时，我们无须掩饰自己的行动，却一定要掩饰自己的动机。

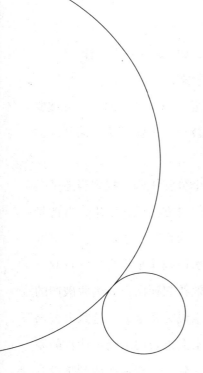

第二章

做谈判中的"主持"，
掌握对话主动权

○ 语言中不要有"被动形式"

在语言中，最好不要有被动形式，如"被……""让……"，因为这样会给听众留下消极、被动的印象。

在商务谈判中怎样提问，如何答复对谈判者来说是至关重要的。掌握了谈判中提问与答复的语言技巧，也就抓住了谈判的主动权。

曾有一家大公司要在某地建立一个分支机构，找到当地某一电力公司要求以低价购买优惠电力，但对方态度很坚决，自恃是当地唯一一家电力公司，态度很强硬，谈判陷入了僵局。这家大公司的主谈私下了解到电力公司对这次谈判非常重视，一旦双方签订合同，便会使这家电力公司经济效益起死回生，逃脱破产的厄运，这说明这次谈判的成败对他们来说关系重大。这家大公司主谈便充分利用了这一信息，在谈判桌上也表现出绝不让步的姿态，声称："既然贵方无意与我方达成一致，我看这次谈判是没有多大希望了。与其花那么多钱，倒不如自己建个电厂划得来。过后，我会把这个想法报告给董事会的。"说完，便离席不谈了。电力公司谈判人员叫苦不迭，立刻改变了态度，主动表示愿意给予最优惠价格。至此，双方达成了协议。

在这场谈判中，起初主动权掌握在电力公司一方。但这家大公司主谈抓住了对方急于谈成的心理，运用语言掌握了谈判的主动权，声称自己建电厂，也就是要退出谈判，给电力公司施加压力。因为若失去给这家公司供电，不仅仅是损失一大笔钱的问题，而且可能这家电力公司还要面临着破产的威胁，所以，电力公司急忙改变态度，表示愿意以最优惠价格供电，从而使主动权掌握在大公司一方了。这样通过谈判的语言技巧的运用，突破了僵局，取得了成功。

针对性语言的针对性要强，要做到有的放矢。针对不同的商品、谈判内容、谈判场合、谈判对手，要有针对性地使用语言。比如谈判对象由于性别、年龄、文化程度、职业、性格、兴趣等等的不同，接受语言的能力和习惯性使用的谈话方式也不同。

在商务谈判中忌讳语言松散或像拉家常一样的语言方式，尽可能让自己的语言变得简练，否则，你的关键词语很可能会被淹没在拖拉繁长、毫无意义的语言中。一颗珍珠放在地上，我们可以轻易地发现它，但是如果倒一袋碎石子在上面，再找珍珠就会很费劲。同样的道理，我们人类接收外来声音或视觉信息的特点是一开始专注，注意力随着接收信息的增加会越来越分散，如果是一些无关紧要的信息，更容易被忽略。因此，谈判时语言要做到简练、针对性强，争取让对方大脑处在最佳接收信息状态时表述清楚自己的信息。如果要表达的是内容很多的信息，比如合同书、计划书等，那么适合在讲述或者诵读时语气进行高、低、轻、重的变化，比如重要的地方提高声音，放慢速度，也可以穿插一些问句，引起对方的主动思考，增加注意力。在重要的谈判前应该进行一下模拟演练，训练语言的表述、突发问题的应对等。在谈判中切忌模糊、啰唆的语言，这样不仅无法有效表达自己的意图，更可能使对方产生疑惑、反感情绪。在这里要明确一点，区分清楚沉稳与拖沓的区别，前者是语言表述虽然缓慢，但字字经过推敲，没有废话，而这样的语速也有利于对方理解与消化信息内容，在谈判时要推崇这种表达方式。

○ 通过"问题攻势"来占据上风

一般来说，向对方有技巧地问问题，也是一种攻势。

一位年轻人到某银行的一个实力雄厚的分行任行长，他确实非常年轻，一点儿都不威严。银行中经验丰富的老职员们都发牢骚说："难道就让这小子来指挥我们？"

但是，分行行长一到任，就立刻把老职员们一个个找来，连珠炮般问起了问题。

"你一周去 A 食品公司访问几次？每个月平均能去几次？"

"制药公司的职员是我们的老客户，他们在我们银行开户的百分比是多少？"

……

就这样，这位年轻的分行行长问倒了所有的老职员，也在新单位中树立起了领导威信。

如果你想在和对方的谈话中占上风，就应该提前准备很多估计对方根本回答不上来的问题，连续向他发问。对方回答不了这些问题，就证明你占了上风。

有的研究者认为这种连珠炮似的发问就像"蜜蜂振动翅膀发出的令人烦躁的声音"，把它叫作"蜂音技巧"，这是一种用让人心烦的聒噪声来驳倒对方的战术。人们对于涉及详细数字的问题，都不可能立刻回答出来，所以这个战术十分有效。假如对方一下子就回答出来，那就继续追问"除此之外，你还能举出什么例子吗？"等问题，直到对方哑口无言。到最后，对方一定会回答不出来的。

故意问对方你知道的事情，也许会被认为是不怀好意。但是，问题攻势的目的是使对方丧失气势，所以你绝对不要心软，要尽量使用这个办法。

如果商业谈判的对手阅历比你丰富，学历比你高，你可能会觉得非常没有自信。在这种己不如人的场合下，就要使用"蜂音技巧"。当你看到对方面露难色的时候，你肯定能逐渐平静下来，恢复自信。

既然通过"蜂音技巧"展开问题攻势的目的是驳倒对方，那么一定要切记，你所提出的问题要抽象、模糊，尽量找对方不好回答的问题。

谈判是一件很严肃的事情，双方在谈判桌，既不能有戏言，说过的话又不能随便反悔。因此要谨慎发表意见，而提问的应用技巧则显得尤为重要。谈判中提问的技巧有下面几点：

1. 作为提问者，首先应该明白自己想问的是什么，如果你想要对方明确的回答，那么提出的问题也必须要明确具体。一般情况下，一次提问只提一个问题。

2. 注意问话的方式：问话方式不同，引起对方的反应也会不同。比较下面两句问话："赵总，您提出的附加条件这么高，我们能接受吗！"（这样的问话容易给对方造成压力。）

"赵总，这些附加条件远远超出了我的估计，我们一般只是运到车站，不送仓库，有商量的余地吗？"（这样的问话有利于问题的解决。）

3. 掌握问话的时机：在谈判中，合理掌握问话时机非常重要，不要打断对方的思路，应选择对方最适宜答复时发问。

"赵总，您只购4套设备，我还是按照交易的次数给您算运费，这已经是我们的底线了，您现在还有什么顾虑呢？"

4. 考虑问话的对象：谈判要看对象，性格不同的人，提问方式也应该不同。比如对方性格急躁，提问就不要拖泥带水，比如对方性格严肃，提问就要认真；对方幽默风趣，提问不妨活泼一点。

○ 避而不答，转换话题

对方采取"蜂音技巧"时，要采取什么对策比较合适呢？这时候就需要我们"不走寻常路"，巧妙地变换一下原有的套路，绕过话题的死角，做一个八面玲珑的谈判者。

一个头脑呆板僵硬的谈判者，很可能将一次成功的谈判引入死胡同，而一个既讲原则又会变通的优秀谈判者，却可能把一个已经进入死胡同的谈判拯救出来，使谈判产生"柳暗花明又一村"的新景象。

在谈判中，你可能会遇到这种场面：对手从一开始就先发制人，不接纳你的任何言辞，用"你赶快回答我！"等言语，逼迫你回答某些不好回答的问题。

在这种情况下应当怎么办呢？可以绕开对方提出的问题，给予及时的回答，回答时应尽量转移对方的话题。此时，你可以这样说："我不知道我这样的回答能否直接回答您的问题。"而后，你可以把对方质问范围边缘的不太重要的事说出，避开正面冲突，转移话题。并且做出十分诚恳的样子，使对方能够顺着你的话题，把谈判继续进行下去。

在对方提出己方最难以接受的问题时，应尽力把对方的注意力由敏感问题转移到己方可以接受且对方认为同样重要的问题上。你可以向对方说："你说的问题很重要，但是还有一个问题更重要，我想你一定也这么认为。"然后把要说的问题向他说明，使其认为该问题具有同样的或更高的重要性。

松下幸之助是个极具智慧的商人。在他的领导下，松下公司日渐强大，成为世界上著名的电器生产企业。一次，松下幸之助去欧洲与当地一家公司谈判。由于对方是当地一个非常有名的企业，不免有些傲慢。双方为了维护各自的利益，谁都不肯做出让步。以至于谈到激烈处，双方大声争吵，甚至拍案跺脚，气氛异常紧张，尤其是对方，更是丝毫也不客气。松下幸之助无奈，只好提出暂时中止谈判，等午餐后再进行协商。

经过一中午的修整，松下幸之助仔细思考了上午双方的对决，认为这样硬碰硬地与对方干，自己并不一定能得到好果子吃，相反可能谈不成这笔买卖。于是开始考虑换一种谈判方式。而对方仗着自己具有"天时、地利、人和"的优势，丝毫不愿做出让步，打定主意要狠狠地杀一下松下幸之助的威风。

谈判重新开始，松下首先发言，而对方个个表情严肃，一副志在必得的样子。松下并没有谈买卖上的事，而是说起了科学与人类的关系。

他说："刚才我利用中午休息的时间，去了一趟科技馆，在那里我深受感动。人类的钻研精神真是值得赞叹。目前人类已经有了许多了不起的科研成果。据说'阿波罗11号'火箭又要飞向月球了。人类的智慧和科学事业能够发展到这样的水平，这实在应该归功于伟大的人类。"对方以为松下是在闲聊天，偏离了谈判的主题，也就慢慢地缓和了紧张的面部表情。松下继续说："然而，人与人之间的关系并没有如科学事业那样取得长足的进步，人们之间总是怀着一种不信任感。他们在相互憎恨、吵架，在世界各地，类似战争和暴乱那样的恶性事件频繁地发生在大街上。人群熙来攘往，看起来似乎是一片和平景象。其实，人们的内心深处相互进行着丑恶的争斗。"他稍微停了一会儿，而对方越来越多的人被他的话吸引，开始集中精神听他谈话。接着，他说："那么，人与人之间的关系为什么不能发展得更文明一些，更进步一些呢？我认为人们之间应该具有一种信任感，不应一味地指责对方的缺点和过失，而是应持一种相互谅解的态度，携起手来，为人类的共同事业而携手奋斗。科学事业的飞速发展与人们精神文明的落后，很可能导致更大的不幸事件发生。人们也许会用自己制造的原子弹相互残杀。"

此时，人们的注意力已经完全被松下所吸引，会场一片沉默，人们都陷入了深深的思索之中。随后，松下逐渐将话题转入到谈判的主题上，谈判气氛与上午完全不同，谈判双方成了为人类共同事业而合作的亲密伙伴。欧洲的这家公司接受了松下公司的条件，双方很快就达成了协议。可以说，在关键时刻松下先生谈判言语方向的转移为谈判铺垫了走向成功的道路。

○ 通过"表情和姿势"控制对话

人们常把对话比作接投球练习。在接投球练习中，如果投球速度太快，对方就接不到球；如果总是一个人拿着球，接投球练习压根儿就不能成立。与此相同，在对话中能不能顺利地交替发言是非常重要的。

"语言调整动作"是指一系列的动作，其作用就是调整对话，所以我们要有意识地训练一些语言调整动作，巧妙运用到位就能让说话的对象加快语速、放慢语速、持续发言或是结束发言。

下面是几种语言调整动作，建议大家适当运用。

一、想让对方加快语速，只叙述要点时

有时候对方慢条斯理地开始讲话，而你根本没有时间一一去听，这种情况下，可以做出快速点头的动作，这个动作会向对方传达快点结束讲话和希望对方只讲要点的信号。反之，如果你做出慢慢点头的动作，就是向对方传达"你的话很有意思，请继续说下去"的信号。

二、想让出发言时（想让对方讲话时）

如果你意识到不应该只是自己一个人讲话，想要把发言权让给对方，就降低音量，减慢语速，拖长最后一个字，视线下垂等，这都是向对方发出交换发言权的信号。此外，你说完最后一句话，直视对方，这也是表示"好了，现在该你讲了"的意思。如果这样对方还没有讲话，你就可以轻轻拍一下对方的身体催促他讲话。

三、对方发言过多，想让他停止时

对于讲起话来像机关枪一样的人，你可以试一下抬起食指这个动作，这个动作表示"我稍微打断一下，可以吗"的意思。这和我们在学生时代，想在课堂上发言时要举手示意是一样的。

四、想表达"我不想再听下去"的意思时

几乎在任何场合，低头看表、唉声叹气都能让对方停止说话，但是这些动作会让对方心生不快。与此相比，稍微委婉一点的方法是，一直把胳膊抱在胸前。如果这样对方还没有注意到而继续讲话，你就利用视线下垂、跷着腿晃来晃去的动作，表示"我觉得很没有意思"的信号。摸摸鼻子、摸摸耳朵这些动作也都表示"你能不能快点结束啊"的意思。

五、你想继续讲下去时

当你想继续讲下去，而对方发出了"让出发言权"的信号时，你也可以无视他的意见。这时，你可以伸手将对方的胳膊轻轻按下去，也就是一边说着"嗯、嗯"，一边让想站起来的对方坐下去。这表示"我还没有说完，请稍等"。

如果你想让谈判和讨论向着有利于自己的方向发展时，应该轻轻触碰对方的胳膊，表示"现在还是我说话的时间"。但是，如果多次重复这个动作，对方就会等得失去耐心。

当然，生活中的语言调整动作太多太多了。大家要不断地总结，有意识地去运用，全面提升自己的讲话能力和谈判技巧。

○ 让对手感觉到你的"气势"

在谈判过程中，让对手感受到你强大的气势是十分重要的。

势，即势如破竹、势在必得、势不可当，通俗来讲就是个人的气势！敢作敢为、敢作敢当、敢怒敢言的态度！

坚持自己的立场，不屈不挠。尤其是砍价的时候，一定得沉得住气，客户如果已经正儿八经地和你谈价格或者付款方式的时候，他基本上已经确定给你做了。这时候比的是谁更冷静，谁才是胜出者，客户当然希望你的价格降得越多越好，而我们当然希望利润越多越好，将这两者的关系平衡得恰到好处，我们就是胜出者！所以，首先得在气势上压倒客户，肯定公司的产品或者服务就是值这个价！降一分都是对公司的不认可，对自己的能力打了折扣。下面，我们通过一个新员工的眼睛，对经理谈判现场进行一番观察：

昨天和我们经理去谈判价格的时候，我充分领略到了他的魄力！首先在等客户的时候，他就这瞄瞄那瞄瞄，四处转悠，就像是自己家里一样，客户来了，他就和客户坐同一排座位上，翘个二郎腿开始谈判！谈判过程中他手舞足蹈，声音比客户的还大！条理清楚，表述得当，善于察言观色，并且引导客户的思路与之同步！最终维持原价，签下合同，让人不可思议的是，客户居然还说："就这样确定了哦，你再不要变了哦，价格就是这样了，确定了哦！"客户居然认为以这样的价格签合同竟然是他占到了便宜！但事实上，利润高达100%！这就是一种气势、一种魄力，更是一种谈判的艺术！

掌握这一技巧，在更多的时候让我们掌握了谈判的主动权，就更加能够使我们旗开得胜！处处表现得小心翼翼，唯命是从，客户的一切要求都是合理的，有道理的，我们就要那样去做，有的时候反而适得其反，让人觉得你没有主见，不可信任！

在谈判中说绝话对性的话表现自己的气势。即在谈判中，对己方的立场或对对方的方案以绝对性的语言表示肯定或否定的做法。该做法有点像"拼命三郎"，敢于豁出去从而在气势上震慑对方。

具体表达方式有："不论贵方如何看待我的态度，我认为我们给出的条件是最公平的，不可能再优惠了。""我宁可不要该笔交易，也不会同意贵方意见。"有表达方式的绝对，有用词的绝对，诸如不论、宁可、只要、决不、只有、已经等。

但要注意说绝对性的话时相对的事——论题。有的不应绝对，就不要以绝对性的话说。此外，绝对具有双重作用：或真的无可选择，或仅做姿态施压。前者在选择的话题准确，后者在坚持的时间合适。

《孙子兵法》中言道："激水之疾，至于漂石者，势也；鸷鸟之疾，至于毁折者，节也。故善战者，其势险，其节短。势如彍弩，节如发机。纷纷纭纭，斗乱而不可乱；浑浑沌沌，形圆而不可败。乱生于治，怯生于勇，弱生于强。治乱，数也；勇怯，势也；强弱，形也。"这段话所讲述的是一个精明的指挥家应该利用地形、时机等一系列条件因素来鼓舞士气、振作军威。也就是商务谈判中所谓的"造势"。这里的造势有两个概念：一是振奋自己的气势；二是形成打压对方的局势。在谈判中我们所要做到的就是这个。一方面，我们要充分准备，加强同步的沟通和联系及彼此之间的鼓励来凝聚己方的力量和培养自己的自信心，在气势上压倒对方，力求在心理上占有优势。另一方面也要借助一系列事物，如谈判的价格，交易时间和交易地点的确定能给对方施加压力，使他们陷于被动局面，最终使得整个谈判的局势向我方倾斜。

不让别人接近你，就能增强你的气势。当和对方一起入座时，可以把椅子向后拖一拖；谈判中，可以装着伸脚，自然地把椅子往后挪一点；也可以在中途休息后故意往后拉一点；并肩坐时，可以把包或上衣放在你和对方之间，设置屏障。

○ "极力宣扬"反而会让人心生疑虑

在日常生活中，谁都有缺点失误，难免会遇上尴尬的处境，往往都喜欢遮遮掩掩，或极力辩解。其实那样反而越是心理失衡，越描越黑，有点"此地无银三百两的味道"。

要想促成谈判，你必须使用高超的语言技巧，以免使自己被谈判对手看作是一个不诚实的谈判者和合作者。

卡尼是美国摄影界非常知名的商业摄影师，每当他给别人拍照片的时候，他从来都不会对被拍摄的人说"笑一笑"。如果你是一名摄影师，你肯定会觉得做到这一点很难。但卡尼觉得，不用"笑一笑"这样的说法而使对方笑出来会让自己的工作更富于创造性。他的摄影作品中，人物多数面带笑容，这说明卡尼的办法是有效的。他避免了使用陈旧的、缺乏想象力和不真诚的语言，反而取得了很好的效果。

在这个竞争激烈和信息爆炸的时代里，夸耀自己的优点，掩饰自己的缺点，可谓是人的本性。然而，各个商家都在竭力宣扬自己的长处，同时竭力掩饰自己的短处，消费者被淹没在了各种自卖自夸的宣传海洋之中，窒息得喘不过气来，对这种积极宣扬自己长处的产品早已产生了逆反心理。

因此，对于商家来说，此时如果反其道而行之，以承认自己短处的方式出场，也许会很容易引起人们的积极关注。因为，在这个时候商家是站在消费者的角度上的，他们承认自己的弱点虽然是违背企业和个人本性的，但人人都在自夸，只有你在认错，人们当然更愿意听你诉说。试想，当一个人找到你诉说他的困难时，你一定会立即注意倾听并愿意提供帮助，而如果一个人开口就向你炫耀他的长处，你反而不一定会感兴趣。承认自己短处还可以给人一种坦诚的好印象，而坦诚能够解除人们对你的戒备心理，使你赢得信任。最后，当你向人们承认自己的短处时，人们就会信以为真，并立即接受你，不需要任何的证明；相反，对"王婆卖瓜，自卖自夸"式的宣传，人们常常持怀疑态度，你必须通过证明才能使人们接受。

对于商家来说，虽然营利很重要，但是，当你承认自己的缺点，从而引起人们对你的关注、信任和好感时，你再转向积极的宣传，变缺点为优点，变劣势为优势，达到以退为进的目的，这样宣传的效果将会更加达到商家的盈利目的。

英国有一家生产漱口水的公司，它生产的漱口水味道很难闻，被公认为是一种缺点。而在这个时候，有一种叫"好味道"牌的漱口水向其发起攻击。如果这家公司站出来争辩，说它的味道是一种特殊的"好味道"，其结果自会适得其反，使事情变得更糟。这家公司没有这样做，而是公开宣称这种漱口水是"使你一天憎恨两次的漱口水"，出色地运用了坦诚相见的战略。而结果却让人出乎意料，这种公然承认自己缺点的举动，竟然赢得了消费者对其的信任和好感，人们认为这家公司很诚实。而后，这家公司抓住机会，又转入了积极的宣传，称这种漱口水"会消灭大量细菌"。

这种说法很符合产品的特性，消费者认为，气味像杀虫剂一样的东西一定能消灭细菌，消灭细菌当然比口味更重要。结果，这种牌子的漱口水更为畅销。这家公司巧妙地利用了人们对口味不好这一缺点的认识，然后变其缺点为优点，将劣势转化为优势，高度的坦诚使这家公司克服了气味的危机。

○ 此时无声胜有声

商务谈判中，谈判者通过姿势、手势、眼神、表情等非发音器官来表达的无声语言，往往在谈判过程中发挥重要的作用。在有些特殊环境里，有时需要沉默，恰到好处的沉默可以取得意想不到的效果。

在紧张的谈判中，没有什么比长久的沉默更令人难以忍受，但是也没有什么比这更重要的了。比如说，向对方鼓掌致意，不用出声，也能明白是祝贺、赞许之意；用食指指向太阳穴，表示需要慎重思考等。许多无声语言约定俗成，意义明确，都可以脱离有声语言，在不便说话时，独立使用，暗示出自己的态度。

沉默是一种无声的武器，恰当地运用沉默，往往令对方招架不住，自乱阵脚，从而露出庐山真面目。

当你作为公司领导，你的下属向你提出涨工资要求时，你保持沉默。他吃不准你是什么态度，因而一再地陈述他的理由，你再一次地运用了沉默，也许这时他会自己降低要求，征询你的意见，等待你的反应。

高明的谈判者利用沉默来获得优惠的价格，此时无声胜有声，从而取得最大限度的利润。当你和别人进行一项关于商品价格的谈判时，对方说："我希望能在这个月之内达成协议，因为我不敢肯定过了这个月是否能给你相同的价格。"这时你应保持沉默，冷静地看对方的举动。这时对方又说："你究竟愿不愿意在这个月内达成协议？如果愿意，我们可以考虑适当优惠。"你仍以沉默来回答，对方会再说："我们可以再把价格降低10%，希望你能慎重考虑。"也许你等的就是这句话。于是，一项谈判就成功了。它或许比你原来想象的价格还要低。

当然，沉默不能滥用，如果双方在谈判时都采用沉默来对抗，那这场"没有硝烟的战争"就不知要拖延到什么时候了。那些老谋深算、富有谈判经验的人会一下子窥探出你沉默的用意，从而不露声色，令你失望。因而，卡耐基告诫我们，只有对那些急于求成或谈判经验稍逊的人运用此法，方能全面获胜，真正体现出沉默的价值。

○ 赢者不全赢，输者不全输

凡事不能急于求成，赢大头者也要给对方一些甜头。以退为进的策略，是要告知对方，我并不急于签约，以此来给他们一些压力，但同时又捧一下对手，让他们感到舒心，放松警惕。

也许大多数人会认为，谈判是一门妥协的艺术。但是世界著名谈判专家盖温·肯尼迪将用他的学说颠覆我们心中的惯性思维。盖温·肯尼迪的《谈判是什么》一书中，作者清楚地指出："谈判的目的不是'取胜'，而是'成功'。"

面对艰难的对手，较好的办法是先作出些微小的让步，以换取对方的善意。

很多年以前，第一批外来商人跑到北极圈里向当地人兜售鹿肉。一天，一个商人在冰天雪地里遇到了一只狼。为了保命，他将雪橇上的鹿肉割下来喂给狼吃，狼聚集得越来越多，边追他边吃他扔下来的鹿肉。幸而鹿肉刚刚扔完，他也终于钻进了居民点，捡回一条命。于是，他开始到处讲述如何用鹿肉对付狼群。这些商人们纷纷效仿，凡是遇到狼群便扔鹿肉逃命。于是，狼群从此不再接近海湾自己觅食，而是不停地追逐雪橇。这件事对我们所有人都是一个惨痛的教训。为了铲除祸根，当地人赶跑了所有的商人。从此，饿狼追赶雪橇除了能迎来一阵空啤酒罐的痛击以外什么也得不到，它们也就再也不去追赶雪橇而是老老实实地去大自然觅食去了。

当"善意"成了先例，只能使自己蒙受损失。当你的谈判对手看到你的"善意"让步，他的想法无非是两条：其一是你确实在表示善意；另一则是你表现得软弱可欺。即使对方同意第一个论点，也没有必要回报你的"善意"。而如果他持第二种观点的话，只会变本加厉地迫使你作出更大的让步。所以说，"善意"战略是行不通的。那么，作为一个精明的谈判者应该怎么做呢？我们的答案如此简单，寸步不让，除非交换。

想要成为一名成功的谈判者，有些事情是必须要做到的，但还有一些事情是绝对不能做的。谈判者最不该做的事情就是仓促与人成交，接受对方的第一次出价是很愚蠢的。这样做，不仅是自己付出了更高的价格，而且会让对方怀疑自己出价太低，下次再跟你交易时就会漫天要价了。

在提出任何建议或任何让步的时候，务必在前面加上"如果"。用上"如果"这两个字可以使对方相信你的提议诚实无欺。加上条件从句后，对方无法不相信你的提议绝非单方面让步。养成在每次提议前都加上"如果"的习惯。这能给你的谈判对手送去两个信息："如果"部分是你的要价，随后部分是他可得到的回报。在谈判中如此行事有助于谈判的进程，避免形成僵局。当然，即使是这样也不可能达成完全对等的交易。"公平交易就是完全平等的交易"，这句话是不对的，公平交易绝不是交换的东西必须对等。事实上，世上就没有完全对等的交易。只要谈判双方基于自愿平等的原则，各取所需，就应该被认为是公平交易。

周瑜给诸葛亮出了一道难题，10天之内监造10万支箭。诸葛亮明知这是一件欲害自己的"风流罪过"，却欣然从命，还把日期缩短为3天，当场立了"军令状"。第三天，浓雾满江、远近难分。诸葛亮在鲁肃的陪同下，指挥20只草船向曹军水寨驶去，并令船上军士擂鼓呐喊。顿时，曹营中一片惊恐，以为敌军攻到，立即命令弓箭手向鼓声方向射箭。这样诸葛亮通过草船，凭借大雾，从曹军"借"了许多箭，完成了"造"箭任务。鲁肃惊奇地问："何以知今日如此大雾？"诸葛亮答："为将而不通天文，不识地理，不知奇门，不晓阴阳，不看阵图，不明兵势，庸才也。""草船借箭"的成功在于施计者诸葛亮上通天文、下识地理，博才多学，善于识机并巧妙运用。

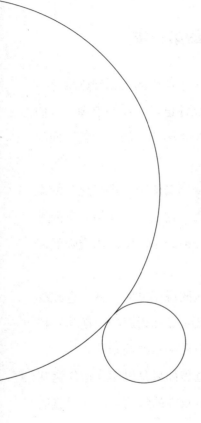

第三章

**缩短心理距离，
把对手变成"自己人"**

○ 你是自己人：信任感是说服的第一步

君王只会听取信臣的意见，而对于不信任的人，轻则置之不理，重则更加疏远。说服别人与臣子献计也是一样的道理，人们永远只会相信自己阵营里的人，排斥与之不相干的，利益不同的其他角色。

所谓说服，指在正式或非正式的谈判交流中，进行充分的沟通，进而使对方接受说服者意图的过程。这是一个非常复杂的过程，其中的每一环节都要谨慎小心，任何微小的错误都会降低说服的效果。

说服别人，就是使被说服者能够认同说服方的各种信息和事实。而要达到这一点，最基础的要求就是要在说服的前期建立相互信任的关系。所以，说服艺术中一条最基本的法则就是尽量建立相互间的信任。这是因为，说服的过程如果是以相互信任为基础的，则有助于创造良好的气氛、调节双方的情绪、增强说服的效果。

同样一个十分有利于公司发展的方案，如果领导信任你，他就容易接受；相反，如果领导不相信你，那么，他就难以接受。一个正直诚实的人往往容易获得他人的信任。

对不信任的人，无论他怎样说服也不会得到效果，因此，信任是说服的第一步。怎样才能让人信任呢？首先就是让对方觉得你是自己人，是替他着想的，对此有很多技巧。

一、寻找共同利益，利用"自己人效应"

在说服中，力争使对方形成与自己相同的看法，尤其让对方看清楚双方在利益上的共同之处，共同之处会使他人产生趋向倾向，把你看作是自己人，这样可以大大减少对立情绪。你提出要求时，对方较易接受。心理学家哈斯曾告诉人们："一个造酒厂老板可以告诉你为什么一种啤酒比另一种好，但你的朋友（不管他的知识渊博还是匮乏）却可能对你选择哪一种啤酒具有更大的影响。"

二、对对方的某些困难表示关心和理解，适度褒扬别人

每个人的内心都有自己渴望的"评价"，希望被赞美并希望别人能了解。

比如你是领导，当下属由于非能力因素而借口公务繁忙拒绝接受某项工作任务之时，领导为了调动他的积极性和热情从事该项工作，可以这样说："我知道你很忙，抽不开身，但这种事情非得你去解决才行，我对其他人没有把握，思前想后，觉得你才是最佳人选。"这样一来就使对方无法拒绝，巧妙地使对方的"不"变成"是"。这一说服技巧主要在于对对方某些固有的优点给予适度的褒奖，以使对方得到心理上的满足，减轻挫败时的心理困扰，使其在较为愉快的情绪中接受你的说服。

三、寻求共鸣

人与人之间常常会有共同的观点，为了有效地说服别人，应该敏锐地把握这种共同意识，以便求同存异，缩短与被说服对象之间的心理距离，进而达到说服的目的。共同意识的提出能缩短和别人之间的心理距离，能使激烈反对者不再和我们的意见相反，而且会平心静气地听我们的说服。这样，我们就有了解释自己的观点，进而攻入别人内心的机会。

四、动之以情

说服工作，在很大程度上可以说是感情的征服。感情是沟通的桥梁，要想说服别人，必须跨越这座桥，才能进入对方的心理堡垒，征服别人。在说服别人时，应推心置腹，动之以情，讲明利害关系，使对方感到我们的劝告并不抱有任何个人目的，没有丝毫不良企图，而是真心实意地帮助被劝导者，为他的切身利益着想。

五、以真诚之心建立情谊

一位美国青年当上了一家豪华饭店的侍从，这是一个收入很高的工作。一天一个顾客在进餐前，把餐巾绕脖子围了一圈。经理见后对这个青年说："去告诉他餐巾的正确使用方法。"青年来到顾客面前笑着对他说："先生，您要刮脸，还是要理发，这里是餐厅。"结果他失去了一个好工作。

这位青年说服为什么会失败？最主要的原因是他缺少真诚之心。在说服他人，加强情感联络的同时还要具有同情心，使对方感到你是真诚的。

六、轻松诙谐

说服别人时，不能一律板着脸、皱着眉，这样很容易引起被说服人的反感与抵触情绪，使说服工作陷入僵局。可以适当点缀些俏皮话、笑话或歇后语，从而取得良好的效果。这种加"作料"的方法，只要使用得当，就能把抽象的道理讲得清楚明白、诙谐风趣，不失为说服技巧中的神来之笔。

七、注意说话时的距离

在美国，询问可疑人时有"警官坐在可疑者身边，警官与可疑者之间不放置桌子等物"的要求。实际上警官和可疑者之间的距离是 60 ～ 90 厘米。以这种距离相坐时两膝十分接近，这就是促膝谈判。如果与对方的距离远，中间有桌子等物相隔，就会给予对方心理上的余地。促膝谈判，不给对方以心理上的余地。

想得到他人长时间的协助，怎样说服好呢？以此为目的进行了实验。距对方 30 ～ 40 厘米进行热心的说服，得到协助的时间最长。而 90 ～ 120 厘米距离的说服，得到协助的时间最短。近距离热心说服的效果，是不能以远距离说服代替的。

八、利用光环效应

一般说来，信任是基于他的社会地位。

如医生、律师、领导、教师等都易被人信任。名片上一般都有自己的头衔，身份明了，根据"××长""××博士"的头衔就可产生信任感，这就是光环效应。如果一个人病了，医生的话当然要比经济学家的话更能取得他的信赖。

此外，我们还要注意沟通中的各种微小细节问题，缩小与对手的心理距离。生活中人与人之间的交往也处处证实了这一点，如果一个人对别人总是心怀戒备、处处提防，就会在双方的交往过程中无形地挖开一道深深的鸿沟，虚情假意的惺惺作态只会让交往沟通的难度一升再升。请注意，在沟通中的话语，甚至是不自觉的微小的体态语言都会给对方产生强烈的印象，如说服者在对话中不自觉地低头或将视线移开，语气的犹豫，用词的模糊，都会使对方自然而然地产生感觉："他不信任我，一定隐瞒了什么！"或是"这小子目中无人，根本不把我当回事！"这样的话，说服的难度就会大大增加。因此，说服沟通过程中，应该处处注意激发并保持亲近、融洽的气氛，以便于说服活动的逐步深入。例如可以在对话中多用"我们""我们大家"，或者在闲聊中谈及自己的私事或个人的生活细节，稍稍偏离说服的主题，也可以使对方产生更亲密更贴近的感受。

你对别人越信任，别人也会给你更多的信任。对别人的信任和友好，实际上是对其积极行为的强化，会大大地激发其可信行为的重复，也制造了更多的融洽，别人会投桃报李，给你更多的信任。这样，所进行的说服工作也会事半功倍。

○ 谈判无情，但需要和谐的氛围

和谐的谈判气氛是建立在互相尊重、互相信任、互相谅解的基础上，坚持该争取的一定要争取，该让步时也要让步，只有这样，才能赢得对方的理解、尊重和信任。如果对方是见利忘义之徒，毫无谈判诚意，只想趁机钻空子，那么，就必须揭露其诡计，并考虑必要时退出谈判。

任何谈判都是在一定的氛围中进行的，谈判氛围的形成与变化将直接影响到整个谈判的结局。特别是开局阶段，有什么样的谈判氛围，就会产生什么样的谈判结果，所以无论是竞争性较强的谈判，还是合作性较强的谈判，成功的谈判者都很重视在谈判的开局阶段营造一个有利于自己的谈判氛围。

谈判是双方互动的活动，在尚未营造出理想的谈判氛围之前，不能只考虑自己的需要，更不可不讲效果地提出要求。

在谈判中，谈判者的言行、谈判的空间、时间和地点等都是形成谈判氛围的因素。但形成谈判氛围的关键因素是谈判者的主观态度。谈判者要积极主动地与对方进行情绪上、思想上的沟通，而不能消极地取决于对方的态度。应把一些消极因素努力转化为积极因素，使谈判氛围向友好、和谐、富有创造性的方向发展。

议程制定好之后，就要准备开始谈判了。为了使谈判更顺畅，还要营造一个非常好的谈判氛围。营造良好的谈判氛围需要提前做如下准备：

1. 准备谈判所需的各种设备和辅助工具

如果在主场谈判更易做好，但如果到第三方地点去谈，就要把设备和辅助工具带上，或者第三方的地点有相应的设备和辅助工具；如果是在客场谈判同样也需要数据的展示、图表的展示，所以要把相应的设备、辅助的工具准备好。临阵磨枪会让人觉得你不够专业。

2. 确定谈判地点——主场 / 客场

谈判时，到底是客场好还是主场好，根据不同的内容和不同的谈判对手可以有不同的选择。如果是主场，可以比较容易地利用策略性的暂停，当谈判陷入僵局或矛盾冲突时，作为主场可以把谈判暂停，再向专家或领导讨教。

3. 留意细节——时间 / 休息 / 温度 / 点心

调查表明，一般人上午 11 点的精力是最旺盛的，如果自己精力最旺盛的时间是下午两点，而对方下午两点容易困，我们就可能把时间选择在下午两点开始。一般谈判不要放在周五，周五很多人都已经心浮气躁，没有心思静下心来谈，谈判很难控制，结果可能就不是双赢。

同时谈判现场的温度调节也需要考虑。从一般的谈判经验来讲，谈判现场的温度要尽量放低一点，温度太高人往往容易急躁，容易发生争吵、争执，温度放得低一点效果会更好。

谈判现场是否安排点心，是否有休息，这都是营造一个好的谈判氛围必须考虑的。可以迟一点供应点心或者吃午餐、晚餐，让大家有饥肠辘辘的感觉，会有利于推进整个谈判的进程。

4. 谈判座位的安排

谈判座位的安排有相应的讲究。一般首席代表坐在中间，最好坐在会议室中能够统领全局的位置，比如圆桌，椭圆桌比较尖端的地方。"红脸"则坐在他旁边，给人一个好的感觉。"白脸"一般坐在离谈判团队比较远的地方，"强硬派"和"清道夫"是一对搭档，应该坐在一起。最好把自己的"强硬派"放到对方的首席代表旁边，干扰和影响首席代表，当然自己的"白脸"一定不要坐在对方"白脸"的旁边，这样双方容易发生冲突。通过座位的科学安排也可以营造良好的谈判氛围。

谈判人员中一般有首席代表、白脸、红脸、清道夫和强硬派5种角色，他们在谈判中发挥着不同的作用；一人可以扮演一个或多个角色，但不管怎样，这些角色是缺一不可的。在谈判中还要设定自己的底线，并在谈判中把自己的底线告诉对方，底线是不能随便更改的，在谈判中一定要坚持这一原则。在谈判之前还要拟订一个谈判原则，避免仓促上阵，做到有备而来，有备无患。为了谈判的顺利进行，还应在谈判中营造一个良好的谈判氛围，尽量使双方满意。

在一次谈判中，谈判对方的首席代表是一个非常精益求精、对于数字很敏感、做事情非常认真、要求非常高的人。针对谈判对手的这一特点，主场方在安排座位的时候，故意把对方的首席代表有可能坐的位子固定下来，然后在他对面的墙上挂张画，并且把画挂得稍微倾斜。当这位首席代表坐到该位置上时，他面对的是一张挂歪了的画，而他本人是一个追求完美的人，他的第一个冲动是站起来把那张画扶正。但是因为他们不是主场，不可能非常不礼貌地去扶正，这使得他在谈判中受到了很大的影响，他变得焦虑、烦躁，最后整个谈判被主场方所控制。所以，有时可以利用主场优势来达到谈判的某些目的。

当然，客场也有相应的好处，客场就是自己带着东西到对方那儿去谈。作为主方容易满足对方的要求，当自己作为客方的时候，也可以提出一些要求，如可以把谈判议程要过来。当然因为客场是不熟悉的环境，会给谈判者带来这样或者那样的不安，因此要做好充分的思想准备。还有一种情况是既不是主场也不是客场，即在第三方进行谈判，这时我们必须携带好各种各样的工具、设备和有关资料，因为大家对环境都不熟悉，相对比较公平。

营造良好的谈判氛围要注意以下几个问题：

1. 利用非正式接触调整与对方的关系

在开局阶段，由于谈判即将进行，即便是以前彼此熟悉，双方也都会感到有点紧张，初次认识的更是如此，因而需要一段沉默的时间。如果洽谈准备持续几天，最好在开始谈生意前的某个晚上一起吃一顿饭，影响对方人员对谈判的态度，以调整与对方的关系，有助于在正式谈判时建立良好谈判气氛。

2. 心平气和，坦诚相见

以开诚布公、友好的态度出现在对方面前。谈判之前，双方无论是否有成见，身份、地位、观点、要求有何不同，既然要谈判，就意味着双方共同选择了磋商与合作的方式解决问题。切勿在谈判之初就怀着对抗的心理，说话表现出轻狂傲慢、自以为是等。那样，会引起对方的反感、厌恶，影响谈判工作的顺利进行。

商务谈判是一种建设性的谈判，这种谈判需要双方都具有诚意。具有诚意，是谈判双方合作的基础，也是影响并打动对手心理的策略武器。有了诚意，双方的谈判才有坚实的基础，才能真心实意地理解和谅解对方，并取得对方的信赖，才能求大同存小异取得和解和让步，促成上佳的合作。

3. 不要在一开始就涉及有分歧的议题，运用中性话题，加强沟通

谈判刚开始，良好的氛围尚未形成，最好先谈一些友好的或轻松的话题。如气候、体育、艺术等话题进行交流。缓和气氛，缩短双方在心理上的距离；对比较熟悉的谈判人员，还可以谈谈以前合作的经历，打听一下熟悉的人员等。这样的开场白可以使双方找到共同的话题，为更好地沟通做好准备。

○ 把对手变成朋友

谈判是双方利益的博弈，但好的谈判是双方都能接受和满意。因此，谈判时不妨在以各自利益为出发点的同时把彼此当成朋友。

2003 年 12 月，美国的 Real Networks 公司向美国联邦法院提

起诉讼，指控微软滥用了在 Windows 上的垄断地位，限制 PC 厂商预装其他媒体播放软件，并且无论 Windows 用户是否愿意，都强迫他们使用绑定的媒体播放器软件。Real Networks 要求获得 10 亿美元的赔偿。然而就在官司还没有结束的情况下，Real Networks 公司的首席执行官格拉塞却致电比尔·盖茨，希望得到微软的技术支持，以使自己的音乐文件能够在网络和便携设备上播放。所有的人都认为比尔·盖茨一定会拒绝他，但出人意料的是，比尔·盖茨对他的提议表示欢迎。他通过微软的发言人表示，如果对方真的想要整合软件的话，他将很有兴趣合作。

2005 年 10 月，微软与 Real Networks 公司达成了一份价值 7.61 亿美元的法律和解协议。根据协议，微软同意把 Real Networks 公司的 Rhapsody 服务包含其 MSN 搜索、MSN 讯息以及 MSN 音乐服务中，并且使之成为 Windows Media Player 10 的一个可选服务。

类似的故事也曾经发生在微软和苹果两大公司之间。

自 20 世纪 80 年代起，苹果和微软就一直处于敌对状态，为争夺个人计算机这一新兴市场的控制权展开了激烈的竞争。到了 90 年代中期，微软公司明显占据了领先优势，占领了约 90% 的市场份额，而苹果公司则举步维艰。但让所有人大跌眼镜的是，1997 年，微软向苹果公司投资 15 亿美元，把它从倒闭的边缘拉了回来。2000 年，微软为苹果推出 Office2001。自此，微软与苹果真正实现"双赢"，合作伙伴关系进入了一个新时代。

上面两个故事发生在比尔·盖茨身上，绝对不是一个巧合，因为它们都来源于比尔·盖茨对商机的把握和设计，以及与对手握手言和的处世智慧。一般人面对敌人或对手的时候，采取的态度是不屈不挠，咬紧牙关，迎面而上，决不退缩。这也是红眼斗鸡们的共识。但是真正明智的人会选择另一种方式，站到敌人的身边去，把敌人变成自己的朋友。

一个牧场主养了许多羊，他的邻居是个猎户，院子里养了一群凶猛的猎狗。这些猎狗经常跳过栅栏，袭击牧场里的小羊羔。牧场主几次请猎户把狗关好，猎户不以为然，只是口头上答应。可没过几天，他家的猎狗又跳进牧场横冲直撞，咬伤了好几只小羊羔。

忍无可忍的牧场主找镇上的法官评理。听了他的控诉，法官说："我可以处罚那个猎户，也可以发布法令让他把狗锁起来。但这样一来你就失去了一个朋友，多了一个敌人。你是愿意和敌人做邻居呢？还是和朋友做邻居？"牧场主说："当然是和朋友做邻居。""那好，我给你出个主意。按我说的去做，不但可以保证你的羊群不再受骚扰，还会为你赢得一个友好的邻居。"法官如此这般交代一番。牧场主连连称是。

回到家，牧场主就按法官说的挑选了 3 只最可爱的小羊羔，送给猎户的 3 个儿子。看到洁白温顺的小羊羔，孩子们如获至宝，每天放学都要在院子里和小羊羔玩耍嬉戏。因为怕猎狗伤害到儿子们的小羊羔，猎户做了个大铁笼，把狗结结实实地锁了起来。从此，牧场主的羊群再也没有受到骚扰。

生活在纷繁复杂的社会中，难免会与人发生对立和冲突，与这样那样的对手"狭路相逢"。在这些对手中，有的也许的确是蓄意阻挡你的前进道路，但大多却是由于阴差阳错或者因缘际会而产生的误会。因为一个理性的人都明白，挡住别人的去路，实际上自己也无法前进。在后面这种情况下，就不能讲究"狭路相逢勇者胜"，而应该调整自己的姿态，避免因为针尖对麦芒而两败俱伤，并且要"一笑泯恩仇"，化对手为朋友，甚至联手找到一条能让双方共同前进的道路。

○ 建立私人之间的信任

现代商业，也不可能非常简单地建立在单纯业务往来之上了，人际关系在其中起着不可忽视的作用。

商务谈判的价值在于通过联合决策得到的利益大于非合作甚至是对抗情况下的利益。然而共同决策是有前提的，其中最重要的因素之一是形成一定程度的信任。在其他条件相同的情况下，双方有信任基础则市场交易成本会明显降低，这就是熟人之间做生意轻松愉快的原因。

有目的的私人交际，是很好的商谈前哨战，通过私人交际，可以建立良好的私人关系和友好的工作关系。现代商场中与客户进行私人交往的形式，一般是请客户吃饭，陪客户打高尔夫球，以及同客户一起打麻将等娱乐活动。它能够使交易双方的关系更加密切，促成交易的成功。

以下有三种方法，可以帮助你跟谈判对手建立私人之间的信任关系：

1. 亲自约见别人，而不是借助于电话、电脑或电子邮件。面对面的谈话比使用电子邮件、信件或电话进行接触，更能减少个人距离感。一旦你亲自认识了某个人，就更容易避免对他人的模式化想法，或是误解他人的个性。人们来你办公室见你，别让你的办公桌成为两人之间的阻碍。美国前国务卿迪安·艾奇逊总会从办公桌后面站起身，坐到靠近客人的椅子上。罗杰爱让办公桌面对靠墙的书架，这样一有客人来，他就能倒转椅子问候别人，并请对方坐到跟前来。没有桌子的阻挡，你们更容易建立起私人关系。

2. 讨论你们共同关心的事情。我们都知道交通或天气一类的话题很安全，它不会冒犯别人，或是透露太多有关自己的信息。然而，风险最小的谈话往往最无助于缩短个人距离。谈论个人关心的话题，往往会让人感到太暴露，一方面，它更冒昧、更容易遭人攻击，但另一方面，它营造亲密感的可能性也更大。家庭问题、财政焦点、对时事的情绪反应、对自己职业的怀疑，还有道德困境等，都是能加强双方关系的话题。

对于这类话题，找别人提建议是打开局面的好办法。"让同事们来准时开会，总是让我觉得头痛。你有什么建议吗？你是怎么处理的？"主动暴露你的错误、弱点和坏习惯，也能拉近你和别人的情感距离。

3. 为彼此留出空间。建立个人关系的第三个办法是给别人和自己留出足够的空间。为了提供更大的自由度，你不需要破坏双方的亲密感。你可以在保持友好的前提下要求个人空间。一对苏格兰夫妇款待来自己家过周末的客人，他们热情地招呼客人，"欢迎你们"，紧接着又问，"我们正在读书呢。你们想干点什么？"

要建立关系，你用不着分享自己心底最深的秘密。和对方谈判代表交往的目的是，让彼此变得更有人情味一些，而不是结交新朋友，处理自己的每一个家庭问题。你只需创造足够的个人联系，让你们逐步信任对方，从而能够更有效地联手解决问题。

只有双方互相了解彼此信任的谈判才能获得成功，才能不因为某一句话或某一个要求而导致谈判夭折。如果谈判双方都通过细致精心的准备工作，让对方了解自己、相信自己，并且不厌其烦地倾听对方的陈述诉求，就可以精诚合作，并在较短的时间内签署谈判协议。

○ 让自己表现得笨拙一些

在大多数情况下，人们总是喜欢帮助那些在思维或者其他方面不如自己的人。

在谈判过程中，即便你是一个高手，也要学会装傻，永远不要让对方感觉你是个聪明、狡猾、老练的谈判高手。对于谈判高手来说，聪明就是愚蠢，愚蠢就是聪明。在谈判的过程中，有时如果你能假装没有对方聪明和高明，最终所达到的谈判效果反而可能会更好。你越是装得愚蠢，最终的结果可能就对你越有利。

这么说是有原因的。在大多数情况下，人们总是喜欢帮助那些在思维或者其他方面不如自己的人。所以，装傻的一个好处就是，它可以消除对方心中的竞争心理。你怎么可能会攻击一个前来向你征求意见的人呢？你怎么可能会把一个求你的人当成竞争对手呢？面对这种情况时，大多数人都会产生同情心，进而主动帮助你。

下面这个小孩子的故事相信会给我们以启示。

在小街上，有一个文静、内向的孩子。每当放学后，淘气的孩子们就会飞一样地来到一家杂货店前闹哄哄地争抢着。因为店主是个乐善好施的老板，他正翻箱倒柜地四处为孩子们找那些要降价处理的食物。

每当他拿出一件，孩子们就欢呼起来，争先恐后地拥上去抢。只有这个文静的男孩例外，总是在远处看着。等那些争到食物的孩子们一哄而散后，杂货店老板看到了这个可爱的男孩。于是他就打开一罐糖果，让小男孩自己拿一把，但是这个男孩却没有任何的动作。老板越发喜欢这个男孩儿了。几次的邀请之后，老板亲自抓了一大把糖果放进他的口袋里。

回到学校，看到他的糖果比别人的都多，他那些小伙伴羡慕不已。大一点的孩子很好奇地问小男孩，为什么你自己不去抓糖果而要老板抓呢？

小男孩回答道："因为我的手比较小呀！而老板的手比较大，所以他拿的一定比我拿的多很多！"

小伙伴们都很佩服他的聪明。

小孩子是单纯的，但也是聪明的。靠自己得不到，依靠别人可以得到更多。这不是无能的借口和自我安慰，而是一种谦卑的聪明。因为从心理学的角度来讲，一般人们会对笨一些的人有同情、帮助和支持的意向，所以要想办法表现自己的笨拙，要经常说一些谦虚和赢得对方好感的话，如："我非常想请你帮我一个忙""这个地方我有一点儿想不清楚""麻烦你帮我算一下，我还是不明白"。总之，要显得你不那么干练，对方的好胜心也就不会那么强了，反而对你充满了同情心。

只有最笨的谈判高手才把自己表现得很精明。试想，如果你处处像王熙凤那样机关算尽，对方就会有防备之心，就不利于开诚布公地把所有议题都说出来。即使看起来赢了谈判，这都可能是暂时的，因为对方说不定在什么地方埋有伏笔，最终可能是你输了。所以精明的谈判高手往往会表现得很笨。

一旦谈判者无法控制自我，并开始装出一副老谋深算的样子时，他实际上把自己放到了一个非常不利的位置上。而谈判高手则非常清楚在谈判过程中装傻的好处，他们的做法通常包括：

1. 要求对方给自己足够的时间，从而可以想清楚接受对方建议的风险，以及是否还有机会提出进一步的要求。

2. 告诉对方自己需要征求委员会或股东会的意见，从而可以推迟作出决定。

3. 希望对方给自己充足的时间征求法律或技术专家的意见。

4 恳请对方做出更大的让步；使用黑白两策略，在不制造任何对抗情绪的情况下给对方施加压力。

5. 通过假装查看谈判笔记的方式来为自己争取更多的时间。

需要提醒的是，一定不要在自己的专业领域上装傻。打个比方，如果你是一名设计师，千万不要说："我不知道这栋大楼是否能够支撑自身的重量……"谈判高手知道，装傻充愣可以消解对方心中的竞争情绪，从而为双赢的谈判结果打开大门。

○ 谈判对阵前，先聊些温馨的话题

创造和谐的谈判气氛，是很重要的前提。要想获得谈判的成功，必须创造出一种有利于谈判的和谐气氛。

在谈话之前，想要营造出宽松环境、和谐气氛，关键是拉近谈话者与谈话对象的距离。除了谈话场所等固有"硬环境"外，谈话者也要尽可能地营造出一些"软环境"，谈话者要表情轻松自然，面带微笑，语气平缓，语速适当，使谈话对象觉得亲切，能够信任，愿意接近。有时，不必刚开始就直接踏入正题，先适当拉拉家常，了解一下谈话对象本人目前的一些基本情况，使谈话对象在介绍自身的过程中逐渐放松，然后再适时提出谈话的主题和要求，水到渠成，避免突兀给谈话对象造成压力，引起紧张而束缚言路。

谈判的开局阶段是指谈判准备阶段之后，谈判双方进入面对面谈判的开始阶段。谈判开局阶段中的谈判双方对谈判尚无实质性感性认识。各项工作千头万绪，无论准备工作做得如何充分，都免不了遇到新情况，碰到新问题。由于在此阶段中，谈判各方的心理都比较紧张，态度比较谨慎，都在调动一切感觉功能去探测对方的虚实及心理。所以，在这个阶段一般不进行实质性谈判，而只是进行见面、介绍、寒暄，以及谈论一些不是很关键的问题。这些非实质性谈判从时间上来看，只占整个谈判程序中一个很小的部分。从内容上看，似乎与整个谈判主题无关或关系不太大，但它却很重要，因为它为整个谈判定下了一个基调。

创造和谐的谈判气氛，是很重要的前提。要想获得谈判的成功，必须创造出一种有利于谈判的和谐气氛。任何一方谈判都是在一定的气氛下进行的，谈判气氛的形成与变化，将直接关系到谈判的成败得失，影响到整个谈判的根本利益和前途，成功的谈判者无一不重视在谈判的开局阶段创造良好的谈判气氛。而同谈判对手聊聊轻松的话题，恰好可以缓解谈判的严肃气氛。

如果你能跟他谈一些轻松的话题，将会使你们双方都感到愉快。其实，陌生人之间的交往之所以存在障碍，关键是人际之间隔着一层"窗户纸"，如果有人能捅破这层纸，人们之间的沟通也就非常顺利了。

人们普遍认为，在谈判中，讲话简洁明了才有力量，才能有效地节省时间，很少有人能够意识到"废话"在许多时候不废，颇能起到难以预料的积极作用。对于彼此不够熟悉的双方，只一两次谈话大多会互存戒心，有时还会陷入"无话可说"的尴尬场面。

据研究，初次见面的人，欲迅速消除陌生感，拉近彼此的距离使关系融洽起来，最好的方法是适当说一点"废话"，这便是渐入正题的谈判技巧。如果这次谈判成功对你十分有利，你不妨牺牲一点时间，同对方多聊一会儿，聊到彼此投机，很像朋友了，对方消除了陌生感，而且比较信任你了，再进入正题。这比一见面就切入正题，效果要好得多。

但是，闲聊终归是闲聊，不可随心所欲地乱聊，乱聊有时不仅起不到融洽感情、增强信任感的作用，反而会使对方产生疑心，怀疑你在同他兜圈子，是另有所图，从而对你更加戒备。闲聊应注意以下几点：

1. 事先做好闲聊的准备。重要的谈判，必须对闲聊的话题进行认真研究准备，这样才能做到"废话"不废。如果你的闲聊竟是一些毫无意义的话，如"今天可真凉快！""你的生意可真不错"，等等，这会使人感到废话连篇索然无味。如果因为无准备，而聊了不该聊的话题，大多会起反作用。如果不顾对方的喜好，一个劲滔滔不绝地聊自以为非常有趣的话题，会使对方产生厌烦心理。

2. 创造有利于闲聊的环境。有条件的话，可创造一些较轻松的场合，营造愉快融洽的气氛，力求从"闲"入手，"聊"出效果。

3. 准备适当的闲聊话题，选择话题应本着这样的原则：

（1）与正题有关的话题，力求有利于转入正题，又要不露痕迹。这就必须进行一番认真的研究。

（2）对方感兴趣的事。如果能事先了解对方的爱好、兴趣，便可围绕他的爱好、兴趣去准备谈话材料；如果事先来不及了解或无法准确了解，可以用"试探迈进"的方法去探寻他的爱好和兴趣。

（3）最大限度地运用幽默。闲聊的目的在于消除陌生、隔阂。运用幽默得当，可更有效地发挥闲聊的作用。

○ 邀请"共餐"，敞开心扉

你应该学会善用餐桌。"三尺桌台作战场，舌端横扫千万军。"

请客吃饭是最常见的维持与谈判对手的良好关系的策略，但大多数人认为请客吃饭仅仅是走过场。其实宴请的目的是让谈判对手敞开心扉，借此机会和谈判对手做感情上的交流，让他们在一个相对轻松的环境下充分释放自己。要时不时地请谈判对手吃饭，而且要有创意。

为什么要重视请客吃饭呢？因为人在吃喝的时候，最没有戒心，也最容易流露出一个人的本性。借着餐桌可以互相加深了解，推心置腹地交谈，从而赢得彼此的信任。餐桌上不知做成了多少惊人的生意，餐桌上不知化解了多少谈判的僵局。

在吃饭的轻松自如的气氛中，一些商场上的秘密，会在无意中得知；许多商场上的构想，在这时可能浮上脑际；一度谈不拢的话题，也能顺利解决了。

谈判高手请客吃饭之前，都会有很周密的策划，会给吃饭一个明确的定义和任务。也就是吃饭的分类，是饭口的工作餐，还是为达到目的的公关餐，是为了联络感情的聚会，还是为庆祝合作成功的庆祝餐；由于吃饭的意义性质不同，所要达到的目的也不同。因此在吃饭前，自己心里一定要明确，也就是请客吃饭第一招——为目的而吃饭。

由于吃饭的意义不同，所要参加的人员自然不一样。很多谈判者在请客户吃饭时，对作陪的人员不加选择，结果由于作陪的人不会说话，或者很会说话，一顿饭吃完了，业务没谈成，反倒让自己的朋友和客户成了朋友。所以请客吃饭的第二招：精心选择作陪人员。

请客吃饭的第三招：懂得礼貌，安排好座位。这一点很多年轻的谈判者都不很在意，在请客吃饭时，座位的安排没有长序，无形中得罪了客户还不知道。特别是在宴请政府官员或者长辈时，一定要按顺序安排。当我们进入餐厅后，直对门口的位置是主宾位，主宾位的右手是次宾位以此类推，主宾位的左手边是主陪位，一般这次参加宴会的主方级别最高的落座，以此类推。当然根据吃饭的性质不一样可作调整，但大体不要违反礼貌原则。

宴会的性质不同，要保持不同的气氛。如要解决合同的未尽事宜或者要攻关，先要倾听客户的意见，再根据情况做适当的洽谈。不要只顾洽谈而忘了吃饭，吃饭喝酒这是谈判和攻关的润滑剂。当有冷场时，就以喝酒来活跃气氛。请客吃饭第四招：吃中谈，谈中吃，一切为了达成目的。

　　总之，请客吃饭也是一种学问，是你谈判工作中必不可少的手段，用好了，无往而不利，用不好也会影响谈判的结果，得罪客户。最后，请大家记住：学会请客吃饭！

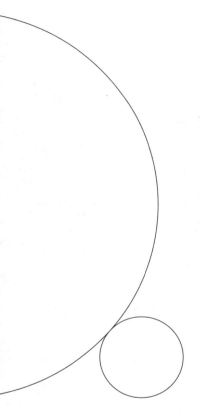

第四章

运用心理诱导，
让对方不知不觉说"是"

○ 运用他人最熟悉的语言

试想一场以论者自我为中心的群体讨论吧！你的论述如果只有你一个人懂，那么即使话题再生动有趣，别人也不会应和你，并加入讨论。如果不想把与对方的交流变成你自己的独角戏，那么，就要多运用一些别人的经验在你的谈话里。

阿莫斯·科明 18 岁时第一次来到纽约，他只想到一家报社去做编辑。当时，纽约有成千上万的失业人员，几乎所有的报社都被求职的人挤满了。在这种情况下，科明是很难达成他的愿望的。

科明在一家印刷厂做过几年排字工人，这是他所有的也是唯一的工作经验。但是，他知道，和他一样，《纽约论坛》的老板荷拉斯·格利莱幼年也在印刷厂里做过学徒，所以，科明决定先去《纽约论坛》试试。科明想，格利莱一定会对与他有相似经历的孩子感兴趣的。他是对的，他果然被录取了。

他十分容易地让格利莱相信他是值得雇用的。正如卡耐基的成功一样，科明完全是因为能巧妙地借用格利莱自己的经验来达到目的的。

这种方法也是十分简单的。比如，当我们看见一种新式飞船时，我们想让他人相信这飞船令人惊异的长度，于是，当你想说给街上的行人听时，你就得说它有三个街区那么长，或说它有从榆树街到林肯街那样长。这些人经常在街上走，所以你一说，他们就知道飞船到底有多长。如果你想说给一个纽约人听，你就得说飞船的长度和 42 号街上新建的克莱斯勒大厦的高度一样。因此，我们想让他人完全理解自己的语言时，一定要引用他人的经验才行。

很多时候，除非你能引用他人的经验去让他理解你所说的话，否则，他甚至不知道你在说什么。确实是这样，有些人只有在自己的经验范围内才能理解他人的话，因此，与这种人交流时，如果不能迅速引用他们自己的经验，他们也不会了解你想要表达的事物。这是因为，大部分人都很懒惰，懒得动脑去思考问题，如果他们从一开始就不明白你在说什么，那么，他们可能就永远也不会明白了。所以，当一个聪明人想把自己的想法和意见说给他人听时，他总会想方设法地运用对方所熟悉的语言，使其能迅速理解自己想说的话。

一次，许多摄影记者把石油大王洛克菲勒的儿子和三个孙子包围住了。本来他们是出去旅行的，洛克菲勒的儿子不想让孩子们的照片曝光，那么，他会当场严词拒绝吗？不会！如果这样做，他还是聪明的洛克菲勒的儿子吗？为了不让那些摄影记者扫兴，同时又达到自己的目的，他就想方设法地让他们情不自禁地同意他的意见，他不把他们当新闻记者，而是当成一名父亲或将要做父亲的平常人，与他们交谈着。他合乎情理地提出自己的意见，把小孩子的照片登在大众读物上对儿童的教育是不利的。这些记者也认为他的想法是十分有道理的，最后就很客气地告辞了。

在查尔斯·布朗的故事中我们也可以看到这种简单而有效的策略。本来，查尔斯·布朗是一名船长，后来，他成了全球最大的玻璃工厂匹兹堡平板玻璃公司的总经理。

创业初期，他在明尼阿波利营做着彩色玻璃的生意。当时，有一家同行与他一起竞争一笔大生意，因为他能及时了解买主的特殊经验，他获得了成功。

这份合同的决策者都是美国西部的人，因此，布朗故意做了一份粗率而狂放的计划书，而他的竞争对手却恰恰相反。最后，布朗拿到了这份合同，因为他充分利用了买主的经验。

伊万杰林·普斯女士也运用过相同的策略，在与顽固的犯人交谈的几分钟时间里，她就能让犯人泪流满面地低头忏悔。

沃尔多·沃仑记载道："她一开始就谈犯人幼年的事，以勾起犯人对美好纯真的童年的怀念。也许，犯人能应付那些外来的高压，如威胁、刑罚等，可他们却不能抵抗那些浮现于内心的种种回忆。"

美国著名的探险家拉·撒里，他一开始也因为被印第安人仇视而遭遇了很多挫折。后来，他学会了用印第安语以及印第安常用的特殊语言与他人交流，受到了其中一个部落的欢迎，最后在当地人的帮助下，他终于完成了历史上著名的墨西哥湾旅行。

亨利·桑敦是美国铁路专家，他之所以能在英国坐上大东铁路公司总经理的位置，就是因为他在一个恰当的时机，巧妙地说了一句他人常说的成语。

在他刚刚就任之时，他发现别人对他很冷漠，他自己就像处在"雾都"五月的寒霜中一样。原来，他曾说过："任何英国人都没有担任此职的资格。"这句话使英国人十分愤怒。因此，英国人对他十分不满。但是，这位后来的加拿大国有铁路公司的局长、数千万人的领袖只用了一个小小方法就将人们的敌意消除了。在英国人面前，他用英国人的成语，迎合他们的口味发表了一次公开演说。在演说中，他特意说，自己到英国来任职只是想有个"户外竞技的机会"罢了。

多年来，约瑟夫·乔特都是纽约律师界的领袖，他的雄辩家地位从来未有过一丝动摇。这恰恰就在于他善于在演说中运用这种策略。

有一个艺术学校是以陶瓷为主要科目的。乔特在这个学校一开始演讲就说自己是校长手里的一堆"陶土"，接下来，他就开始讲述自巴比伦及尼奈梵时代以来的陶瓷简史。

在他担任一家钓鱼俱乐部主席时，一开始演说，他就把自己比喻成被俱乐部的职员放进来的一尾"怪鱼"，也许，他这尾"怪鱼"会让他们的钓鱼失败。这样打趣自己之后，他才接着讲英国渔业委员会在繁殖江河鱼类方面所做出的突出业绩。

他在英国一所学校里演说时，就列举了许多从这个学校毕业的大人物，以此证明在教育方面，美国是远远不如英国的。

总而言之，他的所有演说总是集中在他人感兴趣的事物上。

民主党领袖阿尔·史密斯十分擅长此道，他的语言和题材都源自不同的听众，无论是在大学里演讲还是在纽约的政治集会上提出见解时。

优秀的雄辩天才菲利浦斯曾说："雄辩的第一意义便是以听众的经验为自己演讲的根本出发点。他所演说的内容十分符合听众的口味。"

菲利浦斯说："演讲者愈能将自己的思想融入听众的经验中，就愈容易达到目的。"他还说："我跟朋友说我的邻居买了一车紫苜蓿。我这位从未见过紫苜蓿的朋友对此十分困惑。因此，我又说：'紫苜蓿是一种草。'于是，他马上就对紫苜蓿有了一个大体的印象。这样，经过我一补充，这句话就变得十分容易理解了，这是因为说者将解释融入了听者的经验之中。"

菲利浦斯还举过一个相似的事例："当我的朋友踏入家门之时，天气十分晴朗。一小时后，我走出门说快要下雨了，开始，他不相信我的话，我告诉他，西方乌云滚滚，闪电划空，冷风四起，他便信了我的话。我是如何说服他的呢？我只是向他说了乌云、闪电和狂风三种事实而已，而这三种事实是与他之前经历过的风雨即将来临时所有现象都相同。因此，他便信了我的话。"菲利浦斯得出一个结论：如果要他人相信你，关键是要列出与听者的经验相似的事实。

○ 从他人最感兴趣的事着手

"要迅速和与你不相干的人和事情建立起关系，特别是和名人，大事件有所牵连。"这好像是每个渴望成功的人梦想中的捷径攻略。要获得这样的机会不是不可能，前提是要摸清对方兴趣所在，才能提高获取交流机会的概率。

爱德华博克是《妇女家庭杂志》的著名编辑。13 岁时，他给当时的每位名人都写了一封信，引起了他们的注意。当时，他只是西联电报公司里一个送电报的小孩而已。可他没费什么力气就与众多名人交了朋友，比如格兰特将军夫妇、拉瑟夫特·海斯、休曼将军、林肯夫人、杰斐逊、戴维斯等人。在博克的众多朋友中，拉瑟夫特·海斯后来当选为美国总统。博克初创《伯罗克里杂志》时，拉瑟夫特在头版发表了一篇文章，使杂志的身价倍增，一路看涨，销量大大提高。

在这个世界上，许多人都盼望着那些地位显赫的大人物能在百忙之中注意一下自己，如果没有合适的方法的话，这种渴求也只是一个遥不可及的梦罢了。

年轻的爱德华·博克却十分幸运，他与这些大人物交上了朋友，很明显，这些友谊对他的人生有很大的作用。

他给大人物们写的信都很特别。为了加大信件的针对性，他熟读名人的传记，熟悉了每位名人的性格。这样，他写的信自然就很有吸引力，因而也深深地打动了那些名人。

彼亚特回忆道："博克想核实一下伟人传记中的一些事情，于是，他就凭着孩子特有的真诚直接写信去问加菲尔特将军，问他小时候是否真的做过纤夫。同时，他还将写这封信的原因向将军一五一十地道明。不久，将军客气地回复了他，详细地回答了他的问题。他从将军的回信中受到了不少鼓舞，他还想得到其他名人的书信，不只是为了能得到他们的手迹，更重要的是，他想从名人的回信中学到一些对自己有益的知识。

"因此，他又开始写信了。他不是追问那些伟人们做事的理由，就是询问他生平最重要的事情或日期……还有几个人欢迎爱德华去做客。所以，每当那些与他通过信的名人来到伯罗克里时，他都登门致谢，以示敬意。"

我们都想让那些自己不曾有机会接触的大人物注意到自己，我们都想攻克这些重要的"碉堡"，可我们有哪些良枪良炮呢？我们能否像博克一样去从他人的事情中寻找属于自己的"枪炮"呢？

要想打动他人，首先应该赢得他人的注意，并牢牢抓住这个机会。

这是博克成功的所在，他运用了所有能干的人所常用的策略达到了自己的目的：以每位名人最感兴趣的事作为出发点去接近他们。

安德鲁·卡耐基能在事业陷入生死存亡的关头奇迹般地扭转溃败的局面，除了他的好运气之外，大部分是因为他成功地运用了这一策略。当时，有一笔规模很大的铁路桥梁工程的生意几乎快被别人抢去了，卡耐基眼睁睁地看着他将失去这份巨额合同。

他想尽了一切办法，想让桥梁建筑公司的决策层改变主意。当时，人们对于熟铁好于生铁这一重要事实并不了解，于是，卡耐基就以此为突破口，开始了他的行动。据卡耐基说，那时，仿佛是上天注定一般，发生了一件出乎意料的事情，给了他一个绝妙的机会。一位管理人员在黑暗中驾驶一辆马车时，不小心撞到了一根生铁做的灯柱上，发生了惨剧。

卡耐基马上作出反应。他说："大家看见了吧？如果灯柱是用熟铁做的，这样的惨剧就不会发生了。"于是，在事实面前，他们相信了卡耐基的说法，他得到了为他们详细解说为何熟铁比生铁好的机会。

在那些决策人已经准备接受那家公司标价的关键时刻发生了这样的事，而卡耐基竟然在如此短暂的时间里从竞争对手那里抢过了这笔大生意。他及时而恰当地运用了与爱德华·博克同样的方法：从管理人的切身经验中寻找让自己脱颖而出的机会，最终达成目标。

当我们和他人交谈时，如果发现对方的眼神在游移，同时感觉到他们的注意力并不在我们身上之时，也许是因为我们忽略了这个策略；我们没有去关心对方的经验和体会，谈话中没有他特别感兴趣的东西。杰勒德·斯沃普的失败就是最好的例证。

○ 用对方的观点说服他最有效

"以其人之道还治其人之身"，这句老话也可以用在与对方的过招中。什么样的招式都没有以对方的招式武装自己来得更具杀伤力。当你拥有对方的思路和策略，那么想要征服对方的目标已经开始实现。

汽车大王亨利·福特曾说："从我和他人的很多经验中可以看出，那个所谓的成功的策略就是从他人的角度去考虑问题，用'推己及人'的思维去看待各种事物。"原通用电气公司总经理欧文·扬也说过："那些拥有光明前程之人，恰恰是那种有易地而处的思维，能够探究和关注他人心理的人。"

亨利·福特和欧文·扬在这两句话中已经完全抓住了我们在上文中讲过与人相处的要领了。福特用"推己及人"四个字说明了人与人之间的不同之处：人们各有各的需要、问题、偏见和独特的趣味、经验。如果我们想把握住他人，就要从他人的观点出发去接近他们才行。

其实，这个要点也十分简单。只要我们在说话时稍微注意一下说话的时机和内容就可以了。

你知道卡耐基的弟弟和善良的老人派伯的有趣故事吗？

卡耐基斯顿桥梁公司有一位股东叫派伯。他十分妒忌卡耐基的其他事业，如专为桥梁公司供铁的钢铁厂等。为此，他们还争吵过许多次。一次，派伯以为一份合同抄错了，于是就表示出对卡耐基的弟弟十分不满意。

其实，派伯是想弄清楚合同中所写的"实价"二字的意思。价目表上标的是"实价"的字眼，可当交易顺利结束时，没有人提到"实价"这件事。卡耐基的弟弟对此是这样说的："哦，派伯，那是不需要再加钱的意思。"派伯满意地答道："哦，那就好。"

卡耐基评价这件事说："很多事都是要这样解决的，如果说'实价即不打折扣'，也许就会马上引起纷争。"卡耐基的弟弟以对方能够了解的方法迎合了派伯的心思。

以下这个小故事就说明了一个运用语言来感化他人的道理。

纽约的著名律师马丁·里特尔顿以雄辩而闻名。他也十分清楚地解释过这个原理："如果不能令与我们交谈的人提起兴趣，或者不能将其折服，也许就是因为我们不能站在对方立场去考虑问题的缘故。"

只要是推销过商品的人都知道，一个想法是否成功不只由那个想法本身的性质决定，很大程度上还要看你是以怎样的态度去向他人展示你的想法。

当威尔逊总统为组织国联而游说欧洲各国时，豪斯上校就用一个小方法使威尔逊说服了法国政府。豪斯在威尔逊与那位绰号叫"法国老虎"的克莱·门索会晤的前10分钟贡献了一个尽管很小、但却十分聪明的主意。他建议威尔逊把先谈海洋自由问题作为说服法国的方法，因为这是法国急需解决，而与国联又密切相关的事。

果然，克莱·门索对此十分感兴趣，后来他终于支持成立国联。威尔逊之所以能赢得"法国老虎"的支持，完全是因为他告诉后者国联可以满足他的某种需求，从而把自己的计划与克莱·门索的观点融合在一起。

"以其人之道还治其人之身"是说服别人的灵丹妙药，可是我们总是不能运用这一法宝，因为我们总是忘记思考问题。比如，在出席一个集会之前，我们是不是总会考虑自己该说什么呢？我们是否能顺着对方的兴趣来表达自己的意见呢？是否能顾及他人的最急切的需求呢？在向上级汇报之前，在见一位顾客之前，在与一个同事交谈之前，在召见一个下属之前，有多少人能真正地考虑过这些人的需求呢？多纳姆说，有一次一位很能干的推销员曾经说过一句十分有道理的话："如果我们在拜访一个人之时，不知道应该对他说什么，也没想过要观察他的兴趣和思想，以及他会怎么回答我们的话，就鲁莽地冲到他的办公室，这种做法是非常不明智的。你不如在他办公室外考虑两个小时，然后再去敲人家的门。"

○ 多数派就是压力

当两个人统一口径诱使某人采取求同行为时，几乎没有人会作出错误选择。如果人数增加到三人，求同率就迅速上升。从众心理与从众效应在生活中随处可见，多数派容易形成压力，具有说服别人的力量。

战国时代，互相攻伐，为了使大家真正能遵守信约，国与国之间通常都将太子交给对方作为人质。《战国策·魏策》有这样一段记载：

魏国大臣庞葱，将要陪魏太子到赵国去作人质，临行前对魏王说：

"现在有一个人来说街市上出现了老虎，大王可相信吗？"

魏王道："我不相信。"

庞葱说："如果有第二个人说街市上出现了老虎，大王可相信吗？"

魏王道："我有些将信将疑了。"

庞葱又说："如果有第三个人说街市上出现了老虎，大王相信吗？"

魏王道："我当然会相信。"

庞葱就说："街市上不会有老虎，这是很明显的事，可是经过三个人一说，好像真的有了老虎了。现在赵国国都邯郸离魏国国都大梁，比这里的街市远了许多，议论我的人又不止三个。希望大王明察才好。"

魏王道："一切我自己知道。"

庞葱陪太子回国，魏王果然没有再召见他了。

"市"是人口集中的地方，当然不会有老虎。说市上有虎，显然是造谣、欺骗，但许多人这样说了，如果人们不是从事物真相上看问题，也往往会信以为真的。

这故事本来是讽刺魏惠王无知的，但后世人引申这故事成为"三人成虎"这句成语，乃是借来比喻有时谣言可以掩盖真相的意思。但这个故事同时也向我们揭示了这样一个道理：当多数人都认定同一件事情时，这势必会对判断者造成一定的压力。

说服别人或提出令人为难的要求时，最好的办法是由几个人同时给对方施加压力。那么为了引发对方的求同行为，至少需要几个人才能奏效呢？

实验结果表明，能够引发同步行为的人数至少为 3 ~ 4 名。当两个人统一口径诱使某人采取求同行为时，几乎没有人会作出错误选择。如果人数增加到 3 人，求同率就迅速上升。效果最好的是 5 个人中有 4 人意见一致。人数增至 8 名或 15 名，求同率也几乎保持不变。但是，这种说服方法受环境的制约较大，在一对一的谈判中或对方人多时就很难发挥作用。当对方是一个人时，你可以事先请两个支持者参加谈判，并在谈判桌上以分别交换意见的方式诱使对方作出求同行为。

在纸牌游戏中，经常能看到这种现象。纸牌游戏一般由 4 个人参加，在游戏过程中如果时机成熟，有人会建议提高赌金或导入新规则，同时也会有人提出异议，这时如果能拉拢其他二人，三个人合力对付一个人，那么剩下的那个人会因寡不敌众而改变自己的主张，被多数的力量说服。

孔子的学生曾参是战国时一个有名的学者，至孝至仁，在道德方面是无可挑剔的。他的母亲对儿子极为了解。有一次，曾参有事外出未归，碰巧一个与他同名的人杀了人被抓走了。一位邻居急忙报信给曾母："你的儿子因为杀人被捕了。"曾母连连摇头，相信曾参不会杀人，所以依旧织自己的布。不一会儿，另外一个邻居跑来对曾参的母亲说："你的儿子杀人了。"曾参的母亲开始有些怀疑了，但仍然不信自己的儿子会杀人。不久第三个人对曾母说："你的儿子杀人了，你赶快跑吧，不然官府就要来抓你了。"话音刚落，曾母已经扔掉织布的梭子，准备翻过墙头去逃难了。

从众心理是指人们改变自己的观念或行为，使之与群体的标准相一致的一种倾向性。也许有人说，我是个意志坚强的人，不会随便改变自己的观念。但是，当大家众口一词地反对你时，你还能坚持自己的意见吗？

社会心理学家所罗门·阿希做过一个比较线条长短的实验。在实验中，有1个大学生，还有6个研究者参与实验（大学生并不知道这些人是研究者），大学生总是最后一个发表意见。

当线条呈现出来后，大家都做出了一致的反应。之后呈现第二组线条，6个研究者给出了完全错误的答案（即故意把长的线条说成是短的）。这时，最后一个发言的大学生就十分迷惑，并且怀疑自己的眼睛或其他地方出了问题，虽然他的视力良好。

迫于群体压力，他还是说出了明知是错误的答案。人们为了被喜欢，为了做正确的事情必然表现出从众行为。那么，在什么条件下人们会从众呢？

1. 当群体的人数在一定范围内增多时，人越多人们越容易发生从众。"三人成虎"，说的就是这种情况。不过当群体的人数超过一定的数量时，从众行为就不会显著增加了。

2. 群体一致性。当群体中的人们意见一致时，人们的从众行为最多。如果有一个人的意见不一致时，从众行为就会低至正常情况的 1/4。

3. 群体成员的权威性。如果所在的群体里都是著名的教授，那么即使他们说出了明显错误的事情，自己也会好好思考一下；如果所在的群体里是普通人，当他们说出明显是错误的事情时，自己肯定会立刻反驳。

4. 个人的自我卷入水平。无预先表达即自我卷入水平最低；事先在纸上写下自己的想法，之后再表达——自我卷入水平中等；公开表达自己的想法表示自我卷入水平高。实验证明，个人的自我卷入水平越高，越拒绝从众。

简单说来，从众即是对少数服从多数的最好解释。不过，这种服从是少数派心甘情愿地服从。

从众效应是指人际交往中个人受群体影响自动服从群体的效应。日常生活里，人们经常表现从众行为倾向，即受周围多数人的影响，自动选择多数人愿意做的事去做。

例如，在一条人头攒动的繁华街道上，有人站立在那里使劲朝上张望，不一会儿便吸引周围的人停下来一起张望，即使许多人并不知道为什么要张望，也会不知不觉地看上几眼，后来停下来张望的越聚越多，形成一群人一起在张望。

其实这样类似的事情，在日常生活中并不少见。社会心理学家指出，人们普遍具有从众心理的原因：一是从众行为使人获得安全感，多数人同意做的事即使错了也比一个人做错事要好；二是从众行为容易为群体所接受，任何人的生存都离不开群体，希望自己为群体所接纳，而不愿被群体所排斥。

按照正确的社会规范、群体要求的从众行为是积极的。人际交往中的从众心理，在不同人身上表现不同。自信心较强和个性较突出的人从众心理较为淡薄，自信心不足和个性随和的人从众心理较为明显。

社会心理学家关于从众行为性别区别的研究证实，女性一般比男性从众性高。许多不同条件下的实验结果表明，女性从众率为35%，男性从众率为22%。女性从众率高的原因是女性较男性易于遵从于群体的压力，也由于女性更倾向于维护群体的凝聚力。

○ 利用权威人士帮你说话

人天生有服从的需求，对权威会有本能的相信。善于用语言征服别人的人，常常会引用名人或权威者的话，来提高自己言论的价值。但在利用权威帮你说话时，也要注意利用好人们的依赖心理，把对方厌烦心理控制在一定的范围之内。

在说服别人的时候，抬出权威来说话，这就是权威说服法。利用权威能使你的说服工作顺利进行，事半功倍。假如你知道怎样运用权威，你就可以很顺利地成为胜利者。

利用人们相信权威的心理进行说服的例子很多，在日常生活中也随处可见。比如有些推销人员在卖人寿保险的时候，他们喜欢提到权威人士。他们说："过去有五位总统都买了我们公司的人寿保险。""你们公司的经理也买我们的人寿保险。"大家会说："噢，我们公司的经理那么精明能干，他都买你们的人寿保险，看来你们的人寿保险是不错，买吧。"一些推销员并没有经过很深的判断，但他就这么做了。这就是利用了人们相信权威的心理。

很多时候国内请一些国外的人来作报告，其实国内有些方面的技术水平并不一定比国外的差，但是外来的和尚会念经，大家的权威心理在作祟；另外，也希望听一听外面的人的意见，这也是一种权威心理。

有的时候没有这种权威人士给你作宣传，那怎么办呢？利用权威机构的证明。权威机构的证明自然更具权威性，其影响力也非同一般。当客户对产品的质量或其他问题存有疑虑时，销售人员可以利用这种方式来打消客户的疑虑。例如："本产品经过××协会的严格认证，在经过了连续 9 个月的调查之后，××协会认为我们公司的产品完全符合国家标准……"

除了利用权威机构的证明外，我们还可以使用确凿的数字和清晰的统计资料。很多有经验的商人都会说："这家工厂使用了我们这个机器产量增加20%，那个工厂使用了我们的计算机效率提高了30%。"然后把这些数字，很系统地给新客户看，新的客户很容易地就接受了。有的时候，产品刚刚出现，统计数字还太小，他们还有一种方法，就是用前面的顾客买了他们的产品觉得满意写来的信函作宣传，这个时候，这种做法对新顾客，对一些小的公司也起一定的影响作用，这就是权威的心理。

　　善于用语言征服别人的人，常常会引用名人或权威者的话，来提高自己言论的价值。人们对事物的看法常常是带有偏见的，无论是什么，只要有权威人士或有名气的人捧场，大都会认为是上品，纵然是以前根本名不见经传的，也会有很多人去购买。这是一种错觉，人们往往会将推荐的人和推荐的东西混为一谈。这种心理现象，经常在日常生活中发生。如电视的商业广告或其他宣传海报，常聘请名人或权威者来宣传，便是利用人们的心理。电视广告可以反复播放，商品的特性便深深印在观众的心里。

　　但使用这种技巧，必须恰当。电视的商业广告，在宣传商品特色时，如果和标语不一致，会得到相反的效果，岂不可惜。譬如，以制造健康酒为主的中药厂商，为了扩大营业，利用电视广告作宣传，他们打破传统的做法，提出现代化的卫生工厂设备，及聘请有名的演员作宣传，想抓住年轻阶层。结果，却完全失败。因为，无论男女老幼对健康酒的一贯传统，是要求信赖感和安心感，绝不是在求其合理性或新鲜度。

总之，引用名人或权威者以提高产品知名度时，先要能正确地把握对方的期待、对方的弱点，才能发挥最佳的效果。

怎样运用权威非常重要，因为它足以反映你能把人际关系处理得如何，还有你怎样引导对方努力朝向一个共同的目标——你的目标。也许你认为没什么必要使用权威，但了解权威怎么发挥它的力量对你却大有帮助，特别是当它挡住了你的路时。

无论何时你宣扬权威，同时你也是在宣扬你的领导权、你的可信任性，以及你的不易犯错（某种程度的）等特性。你在说明你是对的，你的想法要被遵循，同时，你也是在冒险。如果你没有成功的话，你可能会发现你不只输了一场比赛，还有别人对你领导能力的信心。若你误用了权威，别人会知道，而且会把你的失败加以夸大。出了纰漏的说服者可能会发现，以前对他忠实的跟随者正在背叛他。

身为权威者要知道他力量的来源，而且还要知道怎样去处理他在别人身上激发的情感。权威者之所以是权威者，原因是别人相信他是。

在某些方面，所有的权威都会让人想起自己的父母。小孩子相信他们的父母是强壮的、对的、无所不知的，因为孩子需要强壮、正确、又无所不知的父母。成人了之后，人们会把这种古老的尊敬、恐惧和愤怒的感情投注在权威者身上，赋予他相当的力量。

当父母告诉长大些的孩子该做什么时，他们会觉得生气，但是通常他们对于反抗父母也会觉得焦虑和内疚，因此努力控制自己不要去厌恶父母。同样，当权威者告诉大人要怎样做时，他们一样会觉得生气，但也试着控制自己的厌恶之情。

所以，我们在利用权威帮你说话时要注意利用好人们的依赖心理，把对方厌烦心理控制在一定的范围之内。

○ 引发同理心，带来谈判转折点

同理心指能设身处地地体验他人的处境，对他人的情绪和心境给予理解。这种"同理"层次越高，感受越准确、深入。它不仅能帮助人们更好地理解对方，缓解情绪状态，促进对方的自我理解和双方深入沟通，建立起一种积极的人际关系，还有助于发展人们的爱心、利他、合作等个性品质。缺乏同理心的人是不能从他人的角度出发去理解他人的，他们常常不能接受别人的观点，却要求别人接受他们的观点。对这样的人，人们自然敬而远之。

在谈判中，掌握对方的心理是非常重要的。从谈判的准备阶段起，直至谈判结束，都应该"攻心为上"，所以同理心的运用显得很重要。

同理心是个心理学概念。它的基本意思是说，你要想真正了解别人，就要学会站在别人的角度来看问题。在沟通中，同理心尤其重要。有个英国谚语说："要想知道别人的鞋子合不合脚，穿上别人的鞋子走一英里。"工作中因为某件事发生了冲突，也有人说"你坐那个位置看看，也会这样做"，说的也是同理心的概念。

人际间的沟通，以"同理心"最能达到效果，这是利用将心比心的技巧，让对方也能感同身受，进而让彼此愿意站在对方的立场上着想，达到相互尊重与和谐互助的沟通成效。

在美国经济大萧条的年代，人们的工作机会非常难得。有位17岁的女孩好不容易找到一份售货员的工作，虽然这只是暂时性的工作。这时，圣诞节即将到来，珠宝店里的生意非常忙碌，女孩工作相当勤奋，因为早上她听经理说，想继续聘用她。

中午时分，她正将柜上的戒指全部拿出来整理，忽然，她瞥见柜台边来了一位男子，看上去30岁左右，而且穿着有点残破的衬衫，满脸散发着悲伤、怨愤的气息，似乎说明了这个人的生活遭遇，而他此刻正贪婪地盯着那些珠宝首饰。

这时，电话铃响了，女孩因为急着去接电话，一个不小心把摆放珠宝的碟子打翻了，六枚精致的钻石戒指，就这么清脆地掉落在地上。

她连电话都不接了，连忙趴到地上寻找，并捡起了五枚戒指。

"咦？还有一枚戒指呢？"女孩在地上找了半天，怎么也找不到，不禁急出了一身冷汗。

这时，她看到那个男子正向门口走去，忽然，她知道戒指在哪儿了。

当男子的手即将拉起门把走出珠宝店时，女孩温和地喊了一声:"对不起，先生！"

那男子登时停住，并转过身来，之后约有一分钟的时间像是静止的！

最后，男子打破静默，他有点微微颤抖地问："什么事？"他的声音似乎有点卡住了，男子咽了咽口水，又复述了一遍："什么事？"

女孩这时却低下了头，神色黯然地说："先生，这是我头一份工作。唉！现在想找个工作很难的，不是吗？"

男子看着她，也低头沉思，忽然在他的脸上浮现出一个温和的微笑："是啊！的确如此。但是我可以肯定一件事，你在这里一定做得很不错。"停了一下，男子向前走了一步，接着把手伸了出来，并对着女孩说："我可以为你祝福吗？"

女孩立即伸出了手，并温柔地微笑着。只见两只手紧紧地握在一起，而女孩接着也用十分柔和的声音对这名男子说："祝你好运！"

男子随后便转身离开，女孩目送他的身影消失之后，才转身回到柜台，将手中的第六枚戒指放回原处。

每个人都有心地柔软的一面，这是人性的弱点，也绝对是人性的优点。就像故事里的女孩与小偷，女孩紧抓住彼此类似遭遇的"同理心"，获得了对方的理解与同情，最终让事情有了转机。甚至，我们还能大胆地预测，因为这份将心比心的相知与相惜，小偷的未来必定会有一个全新的人生。

在谈判中，同理心也有广泛的应用。我们可以有意迎合对方的喜好，使其得到心理与情感上的满足，是投其所好的技巧。当彼此产生融洽的感情基础之后，再进一步提出己方的条件与要求，容易被对方认可。投其所好的具体手段很多。

如给予对手良好的款待，赠送礼物，陪同观光旅游，参加文娱体育活动等。还可以通过谈论或参与对手喜爱的各种活动，主动介入到对方独特的文化氛围，取得心理认同感。

对手心理得到满足，有利于扫清谈判道路上的障碍，取得谈判共识。投其所好技巧用于"感情型"与"虚荣型"的谈判对手效果尤佳。前者可能会考虑"人情难却"而不惜代价，希望获得对方认同，交往中要适时抛出些赞扬、称颂的话语。后者的自我意识极强，善于表现自己，可创造些机会，让其好大喜功地表演一番。

认同感不仅仅是彼此间话家常，认同感更是一种表现同理心的能力，也就是感同身受。认同感是建立伙伴关系的第一步，是一种体贴、细心、言出必行、有礼貌等一系列的组合。认同感也就是要求谈判人员做好准备，可以随时为对方提供附加价值。有些业务员认为生意归生意，有的人甚至表示他们会避免建立私人关系。然而大多数的商业关系都掺杂私交在内。顶尖的业务员和销售组织会将交易视为建立关系的机会，他们懂得如何让一连串的交易转变成为双方的交情，他们更知道双方的交情常常会决定交易的成败与否。无论你现在是刚开始建立关系，或是正处于加强关系的阶段，或者已经进入伙伴——顾问关系的阶段，感同身受的同理心都扮演了重要的角色。

请记住每一次和顾客的接触都有可能加强或削弱彼此的关系。搞好双边关系的最初阶段就是建立认同感，通常在双方见面的最初几分钟就知道是成功或失败。之所以大家会把认同感和销售连在一起，因为认同感是一股维持销售过程的动力。大型的销售多半不是一次就成交，所以在多次的销售拜访中，必须一直维持着认同感，从找出顾客需求到后来的追踪工作，都不能漏了它。

在美国，曾经发生过这样一件事。有一位小学生身体感觉不适被送往医院，后经医师详细检查确认他患了癌症。接下来是一连串更详细的检查与治疗，当然其中也包括了人人闻之色变的化学治疗。在不断地使用化学针剂治疗之后，癌细胞的蔓延得到了控制。但化学治疗强烈的副作用也随之产生，这位小病童的头发开始大量掉落，一直到他的头上不剩一根头发。随着出院的日子一天天接近，小病童的心中除了欣喜之外，更有着一丝隐隐的担忧——考虑自己是否应该戴上假发回学校上课。一则为了自己光秃的头而自卑，再则也怕自己光头的新造型吓坏了同学。回学校那天，母亲推着轮椅，送他走进教室的那一刻，母亲和他不禁张大了口，惊喜得发不出声音来。只见全班同学全都理光了头发，连老师也顶着大光头，热烈地欢迎他回来上课。我们的小病童一把扯去假发，大叫大笑，从轮椅上一跃而起。

在激烈的社会竞争中，谁能具有良好的心理素质和人格魅力，谁就会拥有良好的人际关系，谁也就有可能成为大赢家。至少，这是一个通向良好人际关系的桥梁，即便在普通的生活中，我们都可以体验到这一点。在社会上，不少人的身上具备了很多让别人羡慕的地方，如良好的家庭条件和漂亮的外表等。可他们当中有的人不但不能感受到快乐，反而常常会陷入不满、苦闷或是愤怒的心理状态之中。

不过，在我们身边，还存在着这样的情况，那就是同理心过度。处处站在别人的角度想问题，却忽略了自己的感受，或者让自己沾染上了别人太多的心理不适，带来不必要的心理负担。以下的方法可以帮助你避免同理心过度：

一、保持自我界限感

在跟别人同理的时候，记住分清楚双方界限，而不要把两者混淆起来。尤其不要过度地跟对方的负面情绪共感。

二、把握分寸和尺度

同理心的目的是便于双方更顺畅地沟通，因此，你要看对方接受的程度而把握分寸，不要一厢情愿。

三、有时要"难得糊涂"

同理心其实是一种慈悲和善意，而不是非要助人为乐，甚至为别人做决定。在别人不想要你涉及的领域，哪怕你发现了问题也要学会装一下糊涂，要相信别人有解决问题的能力。

说到底，同理心是人生全方位的心理历练，是你和他人建立良好关系的决定性因素。同理他人并不意味着完全认同他人，而是因为懂得，所以宽怀，不会拿自我的东西来压制他人的意愿。你对他人内心世界的深入体恤也让人际产生了爱的连接，让你时时刻刻被爱所环绕。人生也会因此得到更多支撑，越走越顺！

○ 抛出肯定问题，让对方不得不同意

交涉的过程实际上也就是双方对话的过程，善于交谈的人能掌握对方的心理活动，引导他们从一开始就做出肯定的回答。要学会赞同别人，努力让别人赞同你。如果想要别人接受你的观点，请记住："在谈话开始时就要设法得到对方肯定的回答。"

交涉的过程实际上也就是双方对话的过程，那么怎样在彼此的交谈或交流中赢得对方的信任，说服别人，提问的方式很重要。心理学研究证明，如果我们一开始就抛出一系列的肯定问题，让对方不得不同意，跟着我们的思路走，那么说服工作就能很顺利地进行。

当你和某人开始交谈时，不要选择有分歧的话题，而应选择意见一致的话题。要设法说明，你们的追求是一致的，所不同的只是方法，目的是一个。与某人开始谈话时尽量让他说"是的、是的"，而不是说"不"。奥弗斯特里特教授在所著书中说"不"这种答复是最严重的障碍。如果一个人说出了"不"字，他的自尊心就会促使他一直坚持到底。事后他或许认识到这个"不"字不明智，然而他要顾全自己的面子，非这样做不可。他既然说了，

就必定要坚持。因而与人交谈时，不给对方创造说"不"字的机会是很重要的。

善于交谈的人总是在最初就能得到肯定的答复。他能掌握对方的心理活动，引导他们做出肯定的回答。

这就好比是打台球。你从一个方向击球，既需要力量使它偏离这个方向，又需要更大的力量让它碰回相反的一方。从心理学上解释这个问题非常简单，当一个人说出"不"字时，他的心理也确实是这样想的，不单是口头说说而已。他的整个神经思维系统都同"赞成"处于对峙状态。但当这个人说"是"的时候，上述情况就绝对不会发生。

因此，我们在谈话开始时得到的"是"越多，就能越快地获得对方对我们意见的赞同。这种方法非常简单，但人们对它却视而不见。人们习惯以首先表示反对意见来维护自己的尊严。激进者同保守者谈话时，立刻就能激起保守者的愤怒。他能从中得到什么好处呢？他这样做如果是为了使自己开心，还能被人理解；但倘若他是想借此获得什么，那就说明他不懂心理学。如果你的顾主、妻子或孩子说出"不"字，就需要你有极大的耐心去改变他们的答复。

所以请记住，当下一次你想当面说某人不对时，可以转念一想，提出使他不得不作肯定回答的问题。

纽约一家银行有个叫詹姆斯·埃麦逊的出纳员运用"肯定答复"的办法，留住了一位险些失去的大客户。银行的规矩是，有人要在银行开个户头，就必须填写一张应填的表格。有些问题顾客很愿回答，有些问题则会被断然拒答。在此之前，詹姆斯碰到类似情况时总是会对存款人说："如果你拒绝通报必需的情况，我们拒绝为你存款。"

詹姆斯认为，这种最后通牒式的办法曾使他得到一些满足，那就是感到自己是主人，并向人们表明银行的章法是不能破坏的。但来银行存款的人当然不会接受这种态度。而现在他却为过去的做法感到惭愧。

这次面对这么一位大客户，他决心合理地解决这个问题。"不是替银行说话，而是替客户说话。"决心让客户从一开始就说出"是"字。

于是他对这位客户说："在所有需要提供的情况中，您拒绝提供的那部分情况正是银行不怎么需要的。但是，您想过没有，这笔存款即使在您身后也是有效的。难道您就不想让我们把这笔存款转交给您有继承权的亲属吗？"

"说得对，当然想啦。"客户答道。

詹姆斯接着说："这样好不好，您把自己一位亲近的人的姓名告诉我们，这样就可以在您遇到不测的情况下，便于我们迅速无误地实现您的愿望。您看行不行？"

客户又说："可以"，并很愉快地填写了表格。

当对方忘记或忽视了与我们之间的分歧时，其态度就会发生变化，进而赞同我们的提议。所以，在我们谈话开始时就让对方说出了"是的""对"，才可能使对方忘记与我们之间的分歧，愉快地接受我们的说服。

总之，要学会赞同别人，要努力让别人赞同你，要尽量不与人争论，更不能与人"抬杠"。如果想要别人接受你的观点，请记住"在谈话开始时就要设法得到对方肯定的回答"。

○ 顺水推舟促成事成

"顺水推舟"就是因利乘便，利用时机，趁势而上。以子之矛，攻子之盾。抓住对方的话头，把对方引入到你的圈套中。也可先假设对方的观点言之有理，然后据此引申出一个连对方也不得不承认是荒谬的结论来。

"顺水推舟"是一种应变手段。在猝然发生的事件中，能利用此中矛盾，站在主动地位，出其不意地向对方进攻。

归谬说服并不直接反驳对方的错误观点，而是先假设对方的观点言之有理，然后据此引申出一个连对方也不得不承认是荒谬的结论来，从而心甘情愿地放弃原有的错误观点和主张，无条件地接受说服者输出的思想信息。

实践已使许多人懂得，当我们面对固执己见的人，直接反驳其错误会有诸多的不利，而最有效、最巧妙的方法当属归谬说服方式了。

《伊索寓言·不忠实的受托人》中有一段话说得很实在："遇

到谎言说得过于离题的时候，你如果想用论证来破其谬见，那么，未免太郑重其事了。"因为那样反而会纠缠在没有意义的细节上，显得愚拙，不如直接运用归谬方式，以争取让对方"哑巴吃黄莲，有苦说不出"。

据《史记·滑稽列传》记载，楚庄王有一匹心爱的马，"衣以文绣，置之华屋之下，席以露床，啖以枣脯"，结果这匹马因为喂得太肥，反倒死了。庄王非常痛心，欲以"棺椁大夫礼"为死马举行丧事。左右力劝，庄王不听，以致动怒，下令："谁敢再来谏我葬马，就处以死罪！"优孟听知此事，进殿后就仰面大笑，庄王诧异，问其缘故，优孟答道："这是大王您最喜爱的马呀！我们楚国堂堂大国，什么排场摆不出来呀，而大王只以大夫的丧礼来葬马，太寒酸了！我看应以国君的葬礼来安葬它。"庄王问："那该怎么办呢？"优孟说："应以雕玉为棺，文梓为椁，调动大批士卒修坟，征用大批百姓负土。送葬时，让齐国、赵国的使节列于前，让韩国、魏国的使节紧随于后；再给它造起祠庙，祀以太牢之礼，奉以万户之邑，这样一来，诸侯各国就都知道大王您把人看得轻贱，而把马看得很尊贵了。"庄王一听，突然醒悟过来，深责自己险些铸成大错，遂打消了用大夫礼葬马的念头。

庄王以大夫之礼葬马本来就是一件很荒谬的事情，而拒听劝谏，更是蛮横无理。这时候，任何人再去一味地正面规谏，都是不识时务，其后果也就可想而知了。

优孟的聪明之处在于他没有继续强行力谏，而是采用顺水推舟、火上浇油的策略，把貌似合理的东西作了极端的夸张，顺着庄王荒谬的思路向前延伸，直到庄王本人也认为是荒谬至极，才心悦诚服地弃非从谏。

　　运用归谬方式使说服对象认识原来观点的错误，还可采用这样一套方式，即先提出一些问题让对方谈自己的见解，即便对方说错了，也不要急于直接指出，而要不断地提出补充的问题，诱导对方由错误的前提推到显然荒谬的结论上，使之不得不承认其错误。然后再设法引导他随着你的思维逻辑走，一步一步通向你所主张的观点，达到劝导说服的目的。

　　一个人讲话不能只顾自己，而应抓住对方的话头，把对方引入你的圈套中，这样才能机智取胜。成大事者在操纵说话技巧时，常惯用此法。船顺水而下就行得快，说话也是一样，能因势利导、顺水推舟就容易达到说话的目的。

　　春秋时的孟子，在游说齐宣王时，曾成功地运用了此法。

　　在战国时期，闻名遐迩的齐宣王尤为好大喜功，爱讲排场。据《孟子》记载，齐宣王生性好狩猎，为了寻欢作乐，曾在临淄城郊建了一个方圆 40 里的猎场，专门蓄养麋鹿等珍禽异兽以供狩猎之用。这么大的猎场，在当时的诸侯国中，已算是破格。可是，齐宣王还嫌小，又恨齐国老百姓反对他建猎场的抱怨之声。于是他问孟子道："当年周文王的猎场有方圆 70 里之阔，有这事吗？"孟子一到齐国，就知道齐宣王建猎场的事，而且了解到了齐宣王滥杀进场百姓的残酷行为。当齐宣王询问他关于周文王的猎场时，他立即答道："听说有的。"齐宣王一听，果有此事，便进一步问道："果真如此，那他的猎场算不算大？"孟子答道："老百姓还认为它太小哩。"齐宣王一听，马上说："可是我的猎场才40里，老百姓却嫌它太大，这是什么道理？"

孟子一见齐宣王满腹牢骚的样子，便乘机进言道："周文王的猎场虽有70里，但他多放养幼小的动物，而且与民同游同猎，老百姓嫌它太小，不是很正常吗？我来到齐国，一进国门先要问有什么禁忌然后才敢入内。又听说在你40里的猎场内，倘若有人捕杀其中的猎物，罪同杀人，处以重罚。所以虽说只有40里，却如一口深深的陷阱立于国中，老百姓认为它大，不也是正常的吗？"

听完孟子的话，齐宣王低头想了好一会儿，认为果真如此。所以，从那以后，他不再觉得猎场小了，也不禁止百姓入场捕猎了。

孟子此次游说齐宣王为什么能成功？应该说与他善于用"顺水推舟，引君入瓮"的技巧有很大关系。孟子来齐国的目的，就是让齐宣王废旧制，开放猎场与民同乐。但是，在什么时候、在什么情形下才能实现游说的目的呢？恰好，齐宣王主动征询他关于周文王建猎场的事。孟子抓住话茬儿，顺水推舟，成功地达到了预想的目的。

《史记·孙子吴起列传》中说："战争史告诉我们，双方交战，攻方要在守方的防线上选准一个突破口。"这是告诉我们，办事情如果能找准突破口，然后加以点拨，因势利导，定能取得奇效。

"顺水推舟，引君入瓮"的特点是以子之矛，攻子之盾，极富雄辩性。在论辩中，发现其论辞的意图后，因势利导，引诱他孤军深入，一直引向荒谬的极端，然后再集中火力，乘机猛攻。这样既打开了尴尬局面，又取得柳暗花明的奇效。

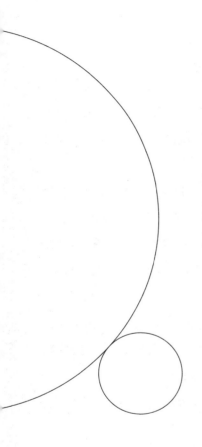

第五章

实施心理震慑，
不战而屈人之兵

○ 害怕是藏在每个人心中的毒蛇

弗洛姆是美国著名的心理学家。一天，几个学生向他请教：心态对一个人会产生什么样的影响？他微微一笑，什么也不说，就把他们带到一间黑暗的房子里。

在他的引导下，学生们很快就穿过了这间伸手不见五指的神秘房间。接着，弗洛姆打开房间里的一盏灯，在这昏黄如烛的灯光下，学生们才看清楚房间的布置，不禁吓出了一身冷汗。原来，这间房子的地面就是一个很深很大的水池，池子里蠕动着各种毒蛇，包括一条大蟒蛇和三条眼镜蛇，有好几条毒蛇正高高地昂着头，朝他们咝咝地吐着芯子，水池上面有一座桥，刚才他们就是从这座桥上通过的。

弗洛姆看着他们，问："现在，你们还愿意再次走过这座桥吗？"大家你看看我，我看看你，都不作声。

过了片刻，终于有三个学生犹犹豫豫地站了出来。一踏上去就战战兢兢，如临大敌。

"啪"，弗洛姆又打开了房内另外几盏灯，学生们揉揉眼睛仔细看，才发现在小木桥的下方安装着一道安全网。

弗洛姆大声问："你们当中有谁愿意现在就通过这座小桥？"学生们没有作声，谁也不敢上前。

"现在看到了安全网，你们为什么反而不愿意过桥了呢？"弗洛姆问道。

"这张安全网的质量可靠吗？"学生们心有余悸地反问。

弗洛姆笑了："我可以解答你们当初的疑问了，这座桥本来不难走，可是桥下的毒蛇对你们造成了心理威慑，于是你们就失去了平静的心态，乱了方寸，慌了手脚，表现出各种程度的胆怯。其实水池里那些蛇的毒腺早已经被除掉了。"

人生也是如此。在面对各种挑战时，也许失败的原因不是因为势单力薄，不是因为智能低下，也不是没有把整个局势分析透彻，反而是因为把困难看得太清楚，分析得太透彻，考虑得太详尽，以至于被困难吓倒，举步维艰了。如果我们在通过人生的独木桥时，能够忘记背景，忽略险恶，专心走好自己脚下的路，我们也许能更快地到达目的地。

有一次，美国洛杉矶的华裔商人陈东在香港繁荣集团购买了一批景泰蓝，言明一半付现金，一半付一个月期票。交易那天，陈东却不出面，派来儿子陈小东。一个月后，期票到期了，银行却退了票，几经联系，陈东一推再推，后来索性不接电话了。繁荣集团这才知道进了圈套。集团老板陈玉书说："除非他永远缩在美国，不再来香港做生意，只要他来香港，我一定逼他把钱交出来。"陈玉书广布眼线。终于有一天，陈东来到了香港。陈玉书马上派人同他联系，并以鸟兽景泰蓝优惠售价相诱，将陈东请到公司。陈玉书大脚一踹，房门大开，大喝一声："陈东，你上当了！"陈东这时脸色大变，仿佛吴牛喘月，呆立在对面。

"你既然来了，就让我处置你吧。"陈玉书伸出手掌问他："我的钱呢？""我没欠你的钱，是我儿子欠的。""不是你在电话里答应，我怎么会让你儿子取货？""儿子欠债，要老子还钱，这不符合美国法律！""这里是香港！你今天要能走出这个门，我就不姓陈！""我们这些人是讲道理的，对不讲理的人我们总有办法处理。你知道我是什么人？"不等对方回答，陈玉书大声说："我从小在印度尼西亚就是流氓！"

俗话说："软的怕硬的，硬的怕横的，横的怕不要命的。"这时，陈东冷汗直流，用手摸摸胸口，又忙掏药，看样子心脏有点不妥。陈玉书对陈东说："我们是讲人道主义的，我今天要的是你还钱，否则你别想走出这个门。"陈东知道抵赖是无用的，诡计也施不上了，只得乖乖地打电话给一个珠宝商人，叫他开支票，估计他在那儿存了钱。

在人际交往中，虽说不是刀枪相见，可存在一种心理优势由谁取得的问题，下面介绍几种先声夺人、震慑对方的具体做法：

一、一开始便宣布最低目标以压制对方

对于初次见面的人，如果能给予先发制人的一击，就可以在心理上压倒对方。例如，一开始便宣布此次见面的最低目标，如果你说"今天你只要记得我的名字就行了"或者说"无论如何，请给我五分钟的时间"，那么，对方往往会接受你的暗示，感到自己至少有记住你的名字或给你五分钟讲话机会的义务，使以后的话题朝着对你有利的方向发展。

二、争论中自己先提问题可占先机

在唇枪舌剑中，你不要老等着对手发问后，你去机械地被动应答。而应首先就反问对方，逼着对方按照你的思路去进行，这样起码从心理上你就首先赢得了胜利。

三、让对方先表现礼貌而你可故意忽视礼仪

礼仪其实是清楚地反映出了人与人之间的序列关系。因此，如果你来取序列较高者的行动，例如，鞠躬时让对方先鞠躬，进餐时则要先动筷子，这样便能占据优势。有时候，故意忽视礼仪也是一种很重要的心理战术。

四、比对方提前到达约定地点

当自己比约定的时间晚到时，难免会觉得很不好意思；倘若发现对方还没到，心情就舒畅，同时也觉得很从容，看见对方的时候，心理上总有一种优越感。

五、不要主动道歉，以免处于劣势

先开口致歉的一方肯定会处于劣势，因为"对不起"这句话会决定心理上的次序。

○ 怕什么就给他来什么

人们心中不可避免有其害怕、畏惧的东西，而且在人们的心底害怕惩罚的心理往往比获取奖赏表现得更为强烈。

有人说他自己天不怕地不怕，可这是真的吗？每个人总有他害怕的东西。

你知道他喜欢什么，就可以投其所好，你知道他害怕什么，就可以永远制住他。现在我们只有找到了对手的命门，才能一击必中，即俗话所说的"打蛇就要打七寸"。

战国时期，一到冬天，鲁国都城南门附近的人们就会到城门附近的芦苇荡子里打猎。由于那里湿度适宜，生长着肥美的野草，所以有数不清的鱼虾和许许多多的飞禽猛兽，来这里打猎的人络绎不绝。一天，不知谁为了一时之利，竟然放了一把火来捕杀猎物。火借风势，很快蔓延开来，马上要烧到都城了，但却没有一个人去救火。大家都在兴高采烈地追逐着四处逃窜的动物。鲁哀公在宫中听到火灾的消息，大吃一惊，赶忙派人去救火。但是被派去的人也跟着众人追逐火海中逃出来的猎物。看到这乱糟糟的情形，鲁哀公不知所措，担心再延误下去都城就要化为灰烬了。这时，宫中一位大臣说："在这样危急的情况下，我们没有设置任何奖赏和惩罚，他们当然不愿意冒险去灭火。更何况趁机捕杀猎物不仅有利可图，也有趣味，他们自然趋之若鹜。出现这种情况也是在所难免的。"鲁哀公心中正焦急，听到这句话后说："这好办，传令下去，凡是救火的人就是为挽救都城立下功劳的人，一定会得到重重赏赐的！"那位大臣赶忙说："这样也不太好。现在一团糟，不清楚谁在救火，谁在追逐猎物。至于谁的功劳大谁的功劳小，也没有办法评定。况且还有一个重要的问题，现在人这么多，用这么多的财富去赏赐实在是不划算啊！"鲁哀公想想觉得也对，又开始发愁，说："那该怎么办呢？"大臣回答道："既然奖赏不行，那为什么不惩罚呢？我们可以规定，捕杀猎物者视同玩忽职守，不救火的人等同于战场上的逃兵。如果被发现，不管是谁，都要以军纪处罚，不留半点情面！这样不用花一分钱，就能达到目的。您觉得怎么样？"鲁哀公一听赞不绝口，立即传令下去。在场的人都害怕了，纷纷救火。有的脱下自己的衣服扑灭火苗；有的拿工具切断火路，防止火势向四周蔓延；有的铲土掩盖即将复燃的灰烬。不一会儿，大火就被扑灭了。

宫中这位大臣正是利用"赏罚分明需有度"这一点，抓住人们害怕受到惩罚的心理，以法治事，终于团结人心，扑灭大火。

竞争对手怕什么？竞争对手对于他的弱点一般都翼翼防护，因为如果软肋被人作为攻击的靶子应该滋味不会好受。竞争对手到底会怕什么？观察你的竞争对手，你可以找出他的弱点；研究你的竞争对手，你可以更好地出招。外表强大的对手，其实不一定浑身是铁。对方怕什么，我们就专门给他来什么。抓住对方的心理弱点，攻其一点，不及其余，从而达到目的。

东汉末年，曹操势力比较大，而刘备和孙权的势力非常弱，为说服周瑜联合抗战，诸葛亮认为，如果只泛讲一通孙刘联合抗曹的意义，只怕难以奏效，于是他巧用激将之法去激怒周瑜，促其下定决心。诸葛亮说："我有一条妙计，只需将两个人送给曹操，其百万大军必然卷旗而撤。"周瑜闻言急问此二人是谁？诸葛亮说："曹本好色，听说江东乔公有女大乔、小乔，美丽动人，曹发誓，'要得其二乔，以娱晚年'。观曹兵百万，进逼江南，就是为二乔而来。将军何不找到乔公，花千两黄金买女送曹？江北失此二人，就如大树飘落两叶，无损大局；而曹得二乔，必心满意足，班师回朝。"周瑜问："曹欲二乔，有何为证？"诸葛亮答："有诗为证。曹操在漳河岸上建一铜雀台，挑选美女安置其中。又让曹植作了一篇《铜雀台赋》。文中之意说他会做天子，誓娶二乔。"周瑜问："此赋可记否？"诸葛亮诵道："立双台于左右兮，有玉龙与金凤，揽'二乔'于东南兮，乐朝夕之与共。"周瑜听罢，勃然大怒，霍地站起指着北方大骂："曹操老贼欺人太甚！"诸葛亮连忙起来拦住说："过去匈奴屡犯汉朝疆界，汉天子答应派公主去和亲。现在你怎么倒舍不得两个民间女子？"周瑜说："先生有所不知，这大乔是孙策将军的主妇，而小乔则是我的妻子呀！"诸葛亮赶忙做出诚惶诚恐的样子说："这个我实在不知，失口乱说，死罪，死罪！"周瑜咬牙切齿地道："我与那老贼势不两立！"诸葛亮又敲边鼓说："事须三思，免得后悔。"周瑜说："我承蒙孙策将军临终托付，岂有屈身投降的道理？先前所说的，不过是想试探二位的态度。其实我自离开鄱阳湖，便有北伐之心，就是刀斧加头，也不改其志。望孔明助我一臂之力，共破曹操！"诸葛亮慷慨答应："若蒙不弃，愿效犬马之劳，早晚听凭驱使。"周瑜说："明天见了主公，便商议起兵。"

在这场精彩的谈判中，诸葛亮善于拨弄对手弱点的战术发挥到了极致。周瑜是对孙权决策影响最大的人物，一旦抗曹开始，他必然也是主帅，诸葛亮必须调动起他的强烈抗曹愿望。于是异想天开地利用曹植《铜雀台赋》中的句子，诳称曹操有染指孙策遗孀大乔和周瑜妻子小乔的念头。这不啻在周瑜最敏感的部位砍了一刀，把一个故作深沉、正得意扬扬地对诸葛亮大演其戏的周郎砍得顷刻之间离座而起，将自己与曹操势不两立的意愿和盘托出。诸葛亮就此圆满完成了出使江东的重要使命，真可谓高明！

只有将言语真正地击到对方的痛处，对方才会甘心降服于你，从而达到理想的办事效果。

○ 先找理由，恐吓也需要有凭据

鬼谷子在《本经阴符七术》里说的关于威慑对手的方法，大致的意思是发挥盛大的威力，依靠内部充实坚定；内部充实坚定，威力的发出便没有什么可以抵挡；没有什么抵挡，就能以发出的威力震慑对方，那威势便像天一样壮阔。

显然，在鬼谷子看来，威力与兵力是密切相关的，威力是兵力的显示，兵力是威力形成的基础。以兵力为后盾的威力发挥，既可以增强己方队伍思想和行动的一致性，从而增强兵力，同时也能威慑对手，从而打乱其阵势。如果离开相应的兵力基础去使用威力，就无法达到预期的目的，而且还会增加困难和陷自己于危险的境地。

东汉时的廉范是战国时赵国名将廉颇的后代，曾经做过云中太守。当时正值匈奴大规模入侵，报警的烽火天天不断。按照旧例，敌人来犯如超过五千人，就可以传信给邻郡。廉范手下的官吏想要传布檄文，请求援助。廉范没有同意，而是亲自率领仅有的少数部队，前往边境抵御来犯的匈奴骑兵。

匈奴人多势盛，廉范的兵力比不过匈奴，正巧日落西山，廉范命令战士们每人将两根火炬交叉捆在一起，点燃其中的三个头，另一头拿在手中，分散在营地和营地周围列队，顿时火点如同满天的繁星，很是壮观。匈奴军队远远望见汉军营地扩大，火烛甚多，以为来了许多援军，大为惊恐。廉范对部下说："现在我们的谋略是，乘黑夜用火去突袭匈奴，使他们不了解我们究竟有多少人，这样他们肯定会吓得魂飞胆丧，我们就可以把他们全部歼灭。"

清晨敌人将要撤退的时候，廉范命令部队直奔匈奴营地，正赶上天刮起大风。廉范命令十几人拿着战鼓埋伏在匈奴营房后面，同他们约定，一见大火燃烧，要一边击鼓，一边呼叫。其他人都拿着兵器和弓箭，埋伏在敌营大门的两边，廉范于是顺风放火，前后埋伏的人击鼓的击鼓，呐喊的呐喊。匈奴军队猝不及防，乱作一团，慌乱之中自相践踏，死亡上千。汉军又趁势追杀，歼敌数百名，取得了重大胜利。从此以后，匈奴再也不敢侵犯云中了。

恐吓的前提之一便是气势汹汹的样子要装得像模像样。只有对方产生了怯意，才能将对方唬住。一个胆小自卑的人无法使用恐吓，弄不好还会害了自己。以小充大，以弱充强，说到底是勇气的较量，意志的搏斗。

王莽当了大司马，位极人臣，还需要什么呢？他想要个更高的名号。他想要代替辅助周成王的那个圣人周公姬旦，周公居摄六年，替周成王处理国事三年，制礼作乐，天下太平。南方越裳国派人给周公献上白雄。王莽为了冒充周公，暗示别人叫塞外夷人来献白雄。王莽趁机将白雄送给宗庙作祭品。

于是，王莽的吹鼓手们就借此大吹大擂，说王莽安宗庙，也像霍光安宗庙那样有功劳，当时霍光益封，王莽也应该增加三万户的爵邑。汉代数爵的等级以户数作为计数单位，所谓万户侯，就是得万户爵位的侯。所封的居民户是封侯者所统治的，这些户向封侯者纳税和服役。封的户越多，财产也越多，实力也越大。但是，这些实力都有限，天子管的郡，大的如汝南郡，达四十六万多户。诸侯国，小的如广阳国、泗水阅，都只有两万多户。封霍光达三万户，已相当于一个小郡、小国，其他人封侯，多数是几百户、几千户。

王莽亲信们先将王莽比喻为霍光，再进一步比萧相国萧何，萧何是刘邦时的名相。再用"白雄"的瑞符，把王莽比作周公。所谓"白雄之瑞，千载难符"。既然王莽与周公有相同的瑞符，那么就应该增加封邑，赐予尊号，王莽早就拟好了尊号，叫"安汉公"。王莽亲信说，只有赐号"安汉公"，才"上应古制，下准行事，以顺天心"。

太后同意了。王莽如果因此就接受了，那还可能出现麻烦。为了得到，故意推辞，这是《老子》哲学的"将欲取之，必先予之"的灵活应用。世俗都贪利，辞却有利的事就会在社会上产生轰动效应。当官是有大利的，读经就是为了做官。皇帝如果来征召，那是一般人巴不得的大喜事。

"敲山震虎"的效果毋庸置疑，但也要知道，敲山之前要先打探好老虎住在哪座山里。

○ 气势第一，关键时刻要壮胆

在博弈过程中，即使自己没有自信一定会赢，也要先有气势，以免先输了阵势。

孙子认为，善战者最重视气势，而不过分苛求每个士兵之强弱。而我们生活中也能经常发现以势取胜的经验。爱看足球比赛的人都知道，足球比赛有一句至理名言，那就是"足球是圆的"。它的意思是说球场上风云变幻，胜负并不全依强弱而定。那么，是什么因素使得足球比赛具有这样的魅力呢？无疑，其中一个特点就是气势。所谓"主场之利"，指的就是主队士气上升，具有了气势，在这样的情况下，往往有超水平的发挥。

中国古代战场上双方对垒时，都会擂起战鼓，声音越高，士气就越旺盛，士兵斗志越强。鲁国与齐国打仗，就先让齐国擂鼓，开始时，鼓声惊天动地，齐军士气高昂，鲁军按兵不动。渐渐地，齐军战鼓声越来越小，士气也就渐渐低下去，这时鲁军猛敲战鼓，一鼓作气，将齐军打败。你的声音就是你天生的武器，只要你表现出勇气十足，你的勇气就来了。表现勇敢则勇气来，退缩则恐惧来。宏大而响亮的声音，可以给对手有信心的印象，自己也能借此产生坚强的信心，进而获得意料不到的效果。在辩论或争吵中，有人会不由自主地提高自己的嗓音，以期盖过对手，这就是对"嗓音可以增强信心"的本能利用。

下面介绍一些壮胆的办法，以便在关键时刻不畏恐吓或敢于恐吓对方：

一、在胆怯或自卑时，找出对手的弱点，先在心里将对手打倒是一种方法

在感到对手的威吓时，就去找出对手可笑的地方，当你想着他的可笑时，压迫感、胆怯感就会全都消失了。假如在你目所能及的范围内挑不出对手的毛病，那就想象一下他在其他场合的卑微，这样也会把对手从权威或力量的宝座上硬拉下来。比如，分公司里为所欲为的董事长，到了总公司的董事会上，可能只是本座的小角色罢了；他回到家里，也可能是一个在太太面前抬不起头来的惧内先生；在娱乐场合，又可能只是一个被孩子欺负而无还手之力的父亲。

假如只看见对手的优点，往往容易高估对手，而产生难以应付的意识，可只要想到对手和我们一样，不过一个人而已，再想象一下他的卑微与毛病，你就不会再胆怯或自卑了。

二、尽可能大声说话，武装自己的心理，制造压倒对方的气势

宏大而响亮的声音，可以给对手有信心的印象，自己也能借此产生坚强的信心，进而获得意想不到的效果。在辩论或争吵中，有人会不由自主地提高自己的嗓音，以期盖过对手，这就是对"嗓音可以增强信心"的本能利用。

小男孩夜里走过墓地时，愉快而大声地吹口哨，为的也是壮胆，通常他就这样克服了经过墓地的恐惧，因为他"吹起了"自己的勇气。

你的声音就是你天生的武器，只要你表现出勇气十足，你的勇气就来了。表现勇敢则勇气来，往后退缩则恐惧来。

三、用你的眼睛盯视对方眼、手等某一身体部位，给对方以压迫感

比如一对恋人闹矛盾时，为了证明自己观点的正确，当言语已无法奏效时，明智的人就会改用双眼集中于对方的眼睛，让自己的恼怒和要求通过这种注视传导给对方，"此时无声胜有声"。这样可以给对方一种心理上的压迫感，并可避免语言冲突时双方不冷静、易冲动的心理状态。

其实，在任何竞争中，这种"一点突破"的战术是颇为有效的。所谓"一点突破"就是聚集一切力量，朝向对手最弱的部位猛力攻击。比如，在对话中，你的眼睛不妨直视对方身体的某一部位。这样不但不会受到对方制造出来的压迫感的威胁，而且，还能令

对方不得不转移注意力于被盯视的那一个部位。换句话说，你的视线不仅可使对方的态度失去平衡，并能分散对方的意识。此外，你也能造成一种迫使对方心慌意乱的局面，借此收到处境转好的效果。

四、相持中，身体要摆好架势，震慑对手

在双方对垒时，人的形体动作也是增强信心的一种武器。俄国大作家屠格涅夫的散文《麻雀》写了这样一件小事：

一只小麻雀从树上掉了下来，飞不动了，猎狗看见了，便跑过去。这时，一只老麻雀从树上飞下来，挡住了小麻雀，并冲着猎狗张开了全身的羽毛，恶狠狠地盯着猎狗，猎狗竟然呆住了。

麻雀其实也是在本能中利用自己的羽毛、动作、眼光这一切天生的武器向猎狗示威，驱除自己的恐惧。

体育比赛中，运动员有时为了增强战胜对手的信心，会有意识地昂首挺胸，做出不畏一切的样子。谈判中，这样这也能产生震慑对手的效果。

五、占据背光位置，可产生威慑效果

站在反光线的位置上，不但可给予对方有目眩的物理效果，同时也能产生各种不同的心理影响。在背光位置上站立的形象，正如同摄影一样，让对方无法认清自己的表情。相反的，对方的形象却被阳光照遍，因而暴露了身体的每一部分，仅凭这一点，就会使劲敌惶恐不安了。何况，置光于后的形象，也能与光融合为一体，使对方对自己产生比实物更大的印象，由于这种后光照射的状态，方能使自己在精神上压倒对方。

　　只要考虑到这种原理，那么，即使自己不站在受光的位置上，也不要站在感受不到光线的阴暗里。为的是在对方似乎更为强大时，利用光线的效果，从心理上战胜对方，确保优越的地位。

○ 借题发挥、虚张声势

　　虚张声势，是先赢气势，让对方后退一步，以此让自己占有优势。

　　虚张声势与假痴不癫相反，不是示弱而是示强，如俗语说，是"提虚劲"，或者说是"打肿脸充胖子"，借以威胁、吓唬敌人。示强的目的是要告诉人家"我要来打你啦，你还不走吗？我可是力量非常强大啊！"所以这是一种恐吓之计。

　　此计用在军事上，指的是自己的力量比较小，却可以借友军势力或借某种因素制造假象，使自己的阵营显得强大，也就是说，在战争中要善于借助各种因素来为自己壮大声势。

　　无人不知张飞是一员猛将，而且还是一个有勇有谋的大将。刘备起兵之初，与曹操交战，多次失利。刘表死后，刘备在荆州，势孤力弱。这时，曹操领兵南下，直达宛城，刘备慌忙率荆州军民退守江陵。由于老百姓跟着撤退的人太多，所以撤退的速度非常慢。曹兵追到当阳，与刘备的部队打了一仗，刘备败退，他的妻子和儿子都在乱军中被冲散了。刘备只得狼狈败退，令张飞断后，阻截追兵。

张飞只有二三十个骑兵，怎敌得过曹操的大队人马？那张飞临危不惧，临阵不慌，顿时心生一计。他命令所率的二十名骑兵都到树林子里去，砍下树枝，绑在马后，然后骑马在林中飞跑打转。张飞一人骑着黑马，横着丈二长矛，威风凛凛地站在长板坡的桥上。

追兵赶到，见张飞独自骑马横矛站在桥中，好生奇怪，又看见桥东树林里尘土飞扬。追击的曹兵马上停止前进，以为树林之中定有伏兵。张飞只带二三十名骑兵，阻止住了追击的曹兵，让刘备和荆州军民顺利撤退，靠的就是这"树上开花"之计。

在日常生活中，虚张声势也不无作用。最典型的如人们常爱讽刺的"名片效应"：官衔职务一大堆、理事会员一大串，这面印了印那面，实在不够再翻篇。说穿了，还不是虚张声势，借以吓人。

希尔顿饭店是世界著名的大饭店，他的创始人希尔顿先生曾是一名军人，曾参加过第一次世界大战。大战结束后，退伍回家的希尔顿在得克萨斯州寻求发财的机会，最后买下了莫希利旅店，从此翻开了希尔顿王国辉煌的第一页。创业之初，资金匮乏，举步维艰。特别是在修建达拉斯希尔顿饭店时，建筑费竟然需要100万美元，希尔顿一筹莫展，急得像热锅上的蚂蚁，后来他灵机一动找到了卖地皮给他的房地产商人杜德，告诉他说："如果饭店停工，附近的地价将大大下跌，假如我告诉别人饭店停工是因为位置不好而将另选新址，那你的地皮就卖不了好价钱了。"
杜德仔细一想，果然如此，他当然不会让自己陷入这般困境，于
是同意帮助希尔顿将他的饭店盖好，然后再由他分期付款买下。
希尔顿在进退两难之际，巧妙地运用威慑战术，最终说服了地产
商杜德乖乖地接受了他的要求，帮助他建好了饭店。希尔顿此举
并未花费太大的代价，只是虚张声势，稍费了些口舌，就"不战
而屈人之兵"，如愿地达到了自己的目的。

　　平常能够运用威慑战术的地方有很多，除了虚张声势外，还
可以利用对方做贼心虚的心理，借题发挥，以此来威慑对方，从
而达到"不战而屈人之兵"的效果。

　　南唐时候，当涂县的县令叫王鲁。这个县令贪得无厌，财迷
心窍，见钱眼开，只要是有钱、有利可图，他就可以不顾是非曲直，
颠倒黑白。在他做当涂县县令的任上，干了许多贪赃枉法的坏事。

　　常言说，"上梁不正下梁歪"。这王鲁属下的那些大小官吏，
见上司贪赃枉法，便也一个个明目张胆地干坏事，他们变着法子
敲诈勒索、贪污受贿，巧立名目搜刮民财，这样的大小贪官竟占
了当涂县官吏的十之八九。因此，当涂县的老百姓真是苦不堪言，
一个个从心底里恨透了这批狗官，总希望能有个机会好好惩治他
们，出出心中怨气。

　　一次，适逢朝廷派官员下来巡察地方官员情况，当涂县老百
姓一看，机会来了。于是大家联名写了状子，控告县衙里的主簿
等人营私舞弊、贪污受贿的种种不法行为。

状子首先递送到了县令王鲁手上。王鲁把状子从头到尾只是粗略看了一遍，这一看不打紧，却把这个王鲁县令吓得心惊肉跳，浑身上下直打哆嗦，直冒冷汗。原来，老百姓在状子中所列举的种种犯罪事实，全都和王鲁自己曾经干过的坏事相类似，而且其中还有许多坏事都和自己有牵连。状子虽是告主簿几个人的，但王鲁觉得就跟告自己一样。他越想越感到事态严重，越想越觉得害怕，如果老百姓再继续控告下去，马上就会控告到自己头上了，这样一来，朝廷知道了实情，查清了自己在当涂县的胡作非为，自己岂不是要大祸临头！

王鲁想着想着，惊恐的心怎么也安静不下来，他不由自主地用颤抖的手拿笔在案卷上写下了他此刻内心的真实感受："汝虽打草，吾已惊蛇。"写罢，他手一松，瘫坐在椅子上，笔也掉到地上去了。

○ 有时沉默也是一种威慑力

沉默也是一种语言，其威慑力足以让人不知所措。

很多时候，沉默不语是懦弱的象征，是失败的前兆，特别是在发生矛盾、双方争辩的时候，往往言辞激昂的一方被认定为理由充分，而声音微弱，陈词结巴的一方大多是理亏，结果也就不言而喻了。

但是沉默也是一种语言，其威慑力足以让人不知所措。除了借题发挥，虚张声势外，沉默也是一种威慑。沉默的人总让人感觉到一种威慑力。

陆象先是唐朝末年的宰相。都说宰相肚里能撑船，陆象先的气度确实不小，喜怒都不形于色，让人无法揣摩。陆象先早年担任过同州刺史。在他担任刺史期间，有一天，陆象先的家童在路上遇到了他的下属参军，但是这个家童没有下马。在那个时候，奴仆见到当官的人不下马，是不礼貌的行为。虽然家童没有下马是不礼貌，可是这也并不是什么非常严重的事情。因为这个家童未必认识那位参军，就算认识，也许家童是压根儿没看到那位参军呢！可是，这个参军却非常生气。他大发雷霆，拿起马鞭就狠狠地抽打了那个家童一顿。可能是为了显示自己并不畏惧刺史大人，所以这个参军打完家童后，还挑衅似的跑到陆象先的府上，对他说："下官冒犯了大人，请您免去我的官职。"参军这么说的言下之意就是如果你因为这件事免去了我的官职，那就说明你祖护家童；而你如果不免去我的官职，那就证明你这个长官好欺负。陆象先早就知道了事情的经过，于是答复参军说："身为奴仆，见到做官的人不下马，打也可以，不打也可以；下属打了上司的家童，罢官也可以，不罢官也可以。"说完这句话，陆象先就把这个参军晾在一边，根本不管他了。参军一个人在边上站了半天，也不知道陆象先到底是什么意思，也揣摩不透陆象先的态度，于是只好灰溜溜地退了出去，从此收敛了很多。

交际中常有这样的情况：虽然声音最大、吵得最凶，往往也有十分害怕的痛点，选其痛点为突破口，则可一举击败对方。

　　某税务人员接到举报去查封一家偷税的烟店。当税务人员一开口询问有关情况时，老板就大声地指责税务人员偏听偏信，并大骂同行嫉妒他、诬陷他，那劲头仿佛是税务人员得罪了他，得被他数落似的。但这位税务人员从他丰富的工作经验中得知越是这种人越有问题。于是不与他正面冲突，只平淡地丢下一句："你先别吵，过几天我们带几个人来查查再做结论。"烟商对这话越发摸不着底，只好强作欢颜地送客了。税务人员嘱咐住在烟店对面的一位正直的朋友暗中注视他家的动静，一有情况立即打电话通知。当天晚上烟商用一辆平板车装了 20 多箱香烟准备转移，被及时赶来的税务人员当场查获。

　　如果税务人员和这烟商刀对刀、枪对枪地干起来，最终只能落入烟商的圈套，既不能完成任务，也不能制取对方。在这场对抗中，成功的关键就是在打草时不图张扬，只此一句，却起到了真正的惊吓作用。如果太过吓唬，对方不但不会接受，而且会以为你在吓他、唬他，于是在心理上会产生对你的怀疑和防范。

　　人们在日常生活中不可避免地会有各种摩擦、冲突。在你不想让矛盾激化、摩擦升级而又想吓阻对手的时候，你就可以学学这种方法：给对手一种缓和些的威胁或是沉默，也就是说用对手无法揣度的态度去威慑对手。

　　汪青一直想做一个温和的母亲，这也一直是她努力的目标。但有时候，面对孩子的纠缠和哭闹，要始终保持温和并非易事。

更多的时候，汪青采取"冷处理"的办法。无论宝贝怎么哭喊，她就是沉默不语。有时候自己的沉默对于做错事的孩子也有一种威慑力量，说不定比发火还有用。

前两天，汪青的孩子多多从幼儿园回来也不知怎么就开始不顺心，怎么都不成。你说一他偏要二，你给东他非要西。说他两句，小子就来眼泪攻势。无奈，汪青索性不理他，让多多在屋里哭，而自己躲到厨房去做饭。他哭了一阵子，看妈妈没反应，声音渐渐小了。过了一会儿，就悄悄在厨房旁边探头探脑，汪青还是没管他。他一会儿走开，一会儿又回来张望两下，非常小声地叫"妈妈"。如此反复了三四次，这个小子终于走过来，拉拉汪青的衣角说："妈妈，对不起！我刚才错了！"汪青当然什么怒气都没了，抱起多多，亲亲他，于是，一切都风平浪静了。

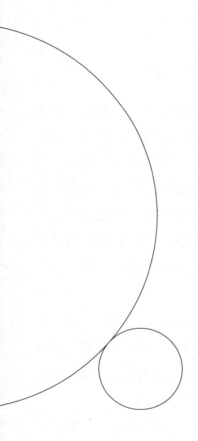

第六章

找准心理弱点，
以我之强攻敌之短

○ 说话时指手画脚的人好胜心强

　　人在表达自己的过程中，应该注意言谈举止的协调性。语言柔和、身体动作自然的人，会给人亲切放松的感觉。而言辞激烈、身体动作极其夸张的人，则让人倍感压力，从而形成距离感。

　　一般而言，指手画脚的动作幅度大的人感情丰富，和身体僵硬、言行拘谨的人正好相反，这种人的行为举止和自己情感、情绪的表达有非常密切的关系。当情绪高昂时，身体的动作便很自然地多了起来，若心中有不吐不快的事情时，身体的动作也会不自觉地夸张起来。

　　这种人总是急于表达自己的情感、宣泄自己的情绪，因而忽略了他人的感受，是属于个性较为强势的人。缺乏主见者若是和他们在一起，将全被其强势的气焰压制住。正因为他们只考虑自己而忽视他人的感受，基本上是属于较自私的个性。

　　但是，这种类型的人在工作上大多相当有能力，由于个性积极，对自己想说的话、想做的事，都能通过流畅的表达能力，轻易地传达给他人。再加上说服能力够强，办事的成功率也提高不少。他们的动作夸张，好像在演戏似的，以致自己情绪的兴奋、低落，很容易影响周围的人，在工作职场上或团体中，可带动他人和自己一起往前冲，是创造活跃气氛、使大家团结为一体的高手。

特别是那种连打电话时都会夸张地指手画脚的人，明明看不到对方，却好像对方就在眼前似的，这种人若对一件事物热衷起来，其他的事便不会放在眼里。除此之外，他们也是好胜心非常强的人，若有强劲对手出现的话，他们一定会使出浑身解数，绝不愿输给对方。

这种类型的人，不仅在工作上，对于玩乐和商场上的应酬，也毫不含糊，样样事都拿捏得十分恰当。可是一旦遭遇挫折，却会变得异常脆弱。若再加上没有赏识自己的上司，缺乏适时的激励，也会令他们油尽灯枯、欲振乏力。因此，他们也常常需要看一些励志性的书籍，借以鞭策自己。当他们感到失落时，与其对他们说一些鼓励的话，还不如制造一个新环境，让他们重新投入一个自己主演的"剧情"中，反而会让他们振作起来。

○ 双臂交叉抱于胸前者防卫心重

在人们的印象中，警察、教官、教练等一些职业的人，总是会摆出一副交叉双臂的姿势。这些职业的人往往给人一种冷漠、严厉的感觉。交叉的双臂可以代表一个人的防御心和警戒心，因此，在人际交往中，要想给人一种亲近感，还是放开胸前的双臂为好。

将双臂交叉抱于胸前，是一种防御性的姿势，防御来自眼前人的威胁感，保护自己不产生恐惧，这是一种心理上的防卫，也代表对眼前人的排斥感。

　　这个动作似乎在传达"我不赞成你的意见""嗯……你所说的完全不明白""我就是不欣赏你这个人"的信息。当对方将双臂交叉抱于胸前与你谈话时，即使不断点头，其内心其实对你的意见并不表示赞同。

　　也有一些人在思考事情时，习惯将双臂交叉抱于胸前，但是一般来说，有这种习惯的人，基本上是属于警戒心强的类型。在自己与他人之间设置一道防线，不习惯对别人敞开心胸，永远和对方保持适当的距离，冷漠地观察对方。

　　防卫心强的人，大多数在幼儿时期没有得到父母亲充分的爱，例如母亲没有亲自喂母乳、总是被寄放在托儿所、缺乏一些温暖的身体接触。在这种环境之下长大的人，特别容易表现出此种习惯。

　　著名的日本演员田村正和，在电视剧中常摆出双臂交叉抱于胸前的姿势，因此他给观众的感觉，绝不是亲切坦率的邻家大哥，而是高不可攀的绅士。他不是那种会把感情投入对方所说的话题中，陪着流泪或开怀大笑的类型。他心中似乎永远藏有心事，在自己与他人之间筑起一道看不见的墙。这种形象和他习惯将双臂交叉抱于胸前的姿势，似乎非常符合。

　　个性直率的人通常肢体语言也较为自然放得开。当父母对孩子说"到这儿来"，他们想给孩子一个拥抱时，一定会张开双臂，拥他入怀。试试看将双臂交叉抱于胸前对孩子说"到这儿来"，孩子们绝不会认为你要拥抱他，而是担心自己是否惹你生气，准备挨骂了。

观察一下对方，是习惯将双臂交叉抱于胸前，还是自然地放于两旁呢？自然放于两旁的人，较为友善易于亲近，并且可以很快地和你成为朋友。不过，若你有不想告诉他人的秘密，又想找人商量时，请选择习惯将双臂抱于胸前的人。因为太过直率的人守不住秘密，而习惯于双臂抱于胸前的人会将你的秘密守口如瓶。但是，要和这种人成为亲密的朋友，可能要花上一段很长的时间。

○ 眼珠转动频繁的人一般性急易怒

"眼珠的转动"这一如此细微的动作，也能反映出一个人的性格。领导用人的时候，可以通过观察一个人眼珠转动的频率来判断这个人适合的职位。如此一来，也许可以避免发生"急性子"在公司中大发脾气的事。

美国心理学家 L. 卡茨与 E. 乌迪对 130 个家庭进行了调查，结果发现，焦躁易怒的人与他人发生争执的比例，比稳重的人高 58%。

冲动、易发火的人，不擅长处理人际关系。

易怒的性格一般是长年累积形成的，很难在一朝一夕改过来。

即使下决心"从明天开始不再轻易发火",顶多也只能忍耐两三天。

从一定意义上看,易怒的人充满了能量和活力,喜欢接受挑战。如果你欣赏这一点而录用了易怒的人,公司的人际关系很可能会被搞得一团糟。

那么该怎样避免这种危险呢?

如果你负责公司的人事工作,请一定记住下面这个判断法则。就是要注意对方眼珠的转动方向,说话时眼珠习惯朝右转动的人往往属于易怒、攻击性强的类型。

斯坦福大学的临床心理学家 G. 拉丘爱鲁博士,曾对 28 位男士做了一个实验,要求他们在 30 秒内不间断地回答一连串问题。在回答问题的时候,人们的眼珠不是向左转就是向右转。博士并不关心他们对问题的回答,只是注意 28 位男士眼珠的转动方向。然后将他们分为眼珠朝左转动和眼珠朝右转动的两组,在问答过程中对各组表现出的性格特征倾向进行了调查。

结果表明,回答问题时眼珠朝右转动的人,性格更急躁,攻击性更强。他们无法将焦躁不安的情绪或压力隐藏起来,一定会发泄出去,比如严厉地责备他人、扔东西或摔东西等。在这一点上,回答问题时眼珠朝左转动的人正相反。他们一般会把不快封闭在心中,不会表现出攻击性。不过,拉丘爱鲁博士指出,这种类型的人容易出现精神方面的问题。

在商业谈判中,如果你发现对方的眼珠总是朝右转动,就可以推测出他相当难对付,而且具有很强的攻击性,是个很麻烦的对手。相反，如果你提问时对方的眼珠总朝左转动，那么即使你的要求很过分，对方心中的怒火已经开始燃烧，但在表面上他还会表示认可。

不断提问，观察对方眼珠的转动，就能发现许多问题。

○ 开场白太长的人缺乏自信

前方的铺垫是为了更顺利地做好后方的工作，俗话说"一个好的开始就是成功的一半"，而很多人都过于看重这样一个"好的开始"，这也就从侧面暴露了这个人对于后面工作的准备不足和不自信。

为促进彼此的人际关系，大部分人交谈前都会先有一段开场白。的确，和对方见面时，如果不先说点引言，就直接切入重点，可能会令人对自己的意图产生误解，从而产生戒心而不易沟通，所以在商业会谈中开场白是不可或缺的。

但若一个人所做开场白过长，听者不易抓到说话的重点，不过是浪费时间，徒增焦急。但不知为什么仍有人喜欢把开场白拖得很长。

首先，可能是说话者对听者的一种体贴。若对方是个敏感仔细、易受伤害的人，直接谈到问题重点，可能会对对方造成冲击。所以说话的人就刻意拖长开场白，以顾虑对方的反应。

其次，另一种人则考虑若开场白太过简短，可能会使对方误会或不悦，因而留下不好的印象。基于这种不安，所以延长开场白。

由此可知，说话者无非是为了更详细地表达自己的意思，所以才有很长的开场白。

开场白太长固然令人不耐烦，但有的人却矫枉过正，在面对上司、前辈时，生怕自己过长的开场白会使对方产生反感而遭斥责，所以不顾虑对方态度，这也就太反常了。

此外，有人应邀演讲时，也难免会把开场白拖得很长，这则是因为缺乏自信所做的一种辩解。

为什么有人要利用开场白为自己辩解？ 通常说来都是为了隐藏自己的不安，于是，有些人就会借很长的开场白来为自己辩解，所以，这种人应是小心翼翼型的人。

○ 主动当介绍人的人喜欢自我表现

有人主动帮忙固然好，但如果是没有什么交情的人过于主动地帮忙，就不一定是件好事了。这种喜欢主动当介绍人的人多数都好招摇，好炫耀，从而夸大自己的能力。碰到这种人，就算他摆出天大的诱惑，还是不要轻信为妙。

"听说你明天要到外地出差，那儿正好有很多我的好朋友，你只要向他们报上我的名字，保证你办事会很顺利。"有的人就是如此，别人还未请他帮忙，就主动为即将出差的人介绍朋友。

如果这位出差的人士靠这位仁兄的介绍，得到当地朋友的特别照顾，同时借着这些人的面子和信用，的确能顺利地开展工作，甚至他们还体念这位人士刚到陌生的地方，晚上带他四处游乐，那么这种人的好意实在不错。但多半情形都是尽管他按地址找到了其人，情况却与预期的不同。其中原因可能是因为被推荐人并不像介绍人所说的可以信赖，而且他们两人也没什么特别亲密的关系，所以可能会得到冷淡的待遇。

如果出差的地点是在国外的话，这个介绍人想发挥自己影响力的欲望也就更强烈，所以我们可听到他说："喂！你这次是不是要到伦敦？可以拿我的介绍信去拜访这个人，或者你到了纽约去找这个人……"而当事人若信以为真，拿着那封信拜访被推荐人，结果可能又和前述遭遇相同，不但自己的期待幻灭，对方也许根本不知道介绍人为何许人。

这种人，为什么如此热衷于帮别人介绍朋友？

原因之一就是这些介绍人可以通过为人介绍这一行为，来满足自己爱管闲事的冲动。

当然，他们一方面是出于好意，体念朋友人地生疏，但另一方面，也是向朋友表示他有不少知心好友，他很有办法。但这些人的想法未免太单纯，因为他们既然要替人介绍，至少应该知道必须对当事人双方负责任。这些介绍人，表面上看来似乎很乐意照顾别人，本着"助人为快乐之本"的心，事实上他们根本没想过自己是否尽到介绍人的责任，只是以此满足自己而已。

总之，喜欢替人介绍的人，往往是希望表现自己的能力却并未真正替被推荐人或第三者考虑。所以，各位不要把他们的行为和真正喜欢照顾别人混为一谈。

○ 沉默寡言的人往往深藏不露

寡言的人，给人的感觉不仅仅是安静平和，还有神秘，他们喜欢默默行动，有了成绩也不聒噪。在商场中，沉默寡言的人通常是"不鸣则已，一鸣惊人"。

沉默的人，不等于无言，而是将言语内敛，不表露而已。人在社会上活动，何时沉默，何时言语，当然是很有学问的。

沉默寡言的人，大都具有人格面具。因为长期在刀光剑影的名利场上争斗的人，会有一种本能反应。越是轻浮，越是直白说出自己观点的人，往往越危险。即使达不到深沉、达不到大智若愚、达不到一种淡定自若，他也得装出来，这样让人感觉到他也是有内涵的，他不是轻浮的，是有内功的，这种叫扮深沉。

小人得志，把鸡毛当令箭，目光短浅，井底之蛙，偶拾到一粒沙子就以为捡到了整座金矿。真正成大事的人往往是沉默寡言的，真正咬人的狗是不叫的。他们懂得闷声发大财，沉默是金的道理。

下面这段文字是一位中信沙龙鸽友会的成员对其内部成员的一些观察和感想，或许可以给我们一些提示：

第一种人：自以为是，夸夸其谈，旁若无人。

常见到有些"鸽友"拿到麦克风以后即爱不释手，全然不顾其他朋友的想法，尽情宣泄着内心的情感，夸夸其谈，旁若无人。且以自我为中心，容不得一点其他不同意见，如若有"好事者"插嘴，便会有一番理论，甚而有言语间冲突，骂骂咧咧。每至于此，皆会引起众怒，还得由管理员出面协调。

其实在沙龙内，此种人少之又少，因为难以得到大家的赏识，无法立足，更无市场可言。大家来到沙龙干什么，一种是为了学习，能够于不经意间学到些理论之外的东西；一种为真心地想在实战经验方面获得相应的提高，取长补短，再接再厉；再者作为初学者，生门生路，只有一个心愿，希望能结识新朋友，若有缘还会结为师徒之美。时间本来就很宝贵，没有人耐着性子去听一些夸夸其谈，一派胡言，更何况毫无获益。因此，那些善于表现自己的"鸽友"们是否应该稍有收敛，但愿吧。

第二种人：沉默寡言，不言则已，一语千金。

真正的高人在此时的确能够得到完美地体现。这种人往往德高望重，在某一区域堪称真正的疆场英豪，赛场高手，摘金夺银对他们来说如探囊取物。他们于沙龙内常常是沉默寡言，任凭风吹雨打稳如泰山，但每次遇到棘手的问题，总会在"鸽友"们的一再要求之下欣然而出，针对问题一语道破天机，一枪中的，于是乎满堂喝彩，"鸽友"们内心之佩服溢于言表。相较之下，那些夸夸其谈者真的是相形见绌。

对深藏不露的意图可利用，却不可滥用，尤其不可泄露。一切智术都须加以掩盖，因为它们招人猜忌；对深藏不露的意图更应如此，因为它们惹人厌恨。欺诈行为十分常见，所以你务必小心防范。但你却又不能让人知道你的防范心理，否则有可能使人对你产生不信任。人们若知道你有防范心，就会感到自己受了伤害，反会寻机报复，弄出意料不到的祸患。凡事三思而行，总会得益良多。做事最宜深加反省。一项行动是否能圆满到极点，取决于实现行动的手段是否周全。

保持沉默并不意味着拒绝参与、贡献或沟通。在生意场合保持沉默并不包括因愤怒或一时冲动而拒绝开口的情形。它也不是如怨偶之间或愠怒的青少年所做的给别人"沉默的对待"。沉默是有目的地保持安静，深谋远虑地倾听，有意识地选择不讲话，除非讲话比不讲话能有更多的收获。

当正确地采用沉默时：

1. 会增加你形象的神秘感。

2. 减少错误。

3. 让别人去说，使你从中学到更多东西。

4. 使别人处于舞台中心，如果这种策略是必要的话。

5. 对那些你不想讨论的问题不予置评，而使你能主导谈话的方向。

对深藏不露的人，迂回谈话是最好的谈话方式，你可以就一个问题从不同角度多问。当对方深藏不露时，你要有耐心，可以迂回地问同一个问题，从不同的角度，试探他的意见。不要和他一起兜圈子，否则时间都会浪费掉，要不时在谈话中流露出自己的感情和对事件的关切，尽量拉近他和你之间的距离，稍微迂回之后再切入主题，请他发言。

○ 看透虚荣者的浮华面具

在这个物欲横流的社会中，人们都想追求功绩和名利。追求本没有错，但是如果过分贪恋，就会形成虚荣心。虚荣是一个欲望的深渊，多少名利都无法填满它。虚荣让人找不到成功的快乐，只会让人活在欲求不满的痛苦之中。你还会做一个虚荣的人吗？

虚荣心是自尊心的过分表现，是为了取得荣誉和引起普遍注意而表现出来的一种不正常的社会情感。

虚荣与自尊及脸面有关，自尊与脸面都是在社会活动中才能得以实现。通过社会比较，个体精神世界中逐步确立起一种自我意识，自我意识又下意识地驱使个体与他人进行比较，以获得新的自尊感。有虚荣心的人是否定自己有短处的，于是在潜意识中超越自我，有嫉妒冲动，因而表现出来的就是排斥、挖苦、打击、疏远、为难比自己强的人，在评职、评比、评优中弄虚作假。

虚荣心是一种为了满足自己对荣誉、社会地位的欲望，而表现出来的不正常的社会情感。有虚荣心的人为了夸大自己的实际能力水平，往往采取夸张、隐匿、攀比、嫉妒甚至犯罪等反社会的手段来满足自己的虚荣心，其危害于人于己于社会都很大。虚荣心有以下几个特点：

1.普遍性：在社会生活中，每个人都或多或少有些虚荣心理，这是正常的，如果过分虚荣，则是病态的。

2.达到吸引周围人注意的效果：为了表现自己，常采用炫耀、夸张，甚至用戏剧性的手法来引人瞩目。例如用不男不女的发型来引人注意。

3.虚荣心与时尚有关系：生活中总有时尚前卫的存在，而人总喜欢追求新奇的东西，满足自己的虚荣心。

4.虚荣心不同于功名心：功名心是一种竞争意识与行为，是通过扎实的工作与劳动取得功名的心向，是现代社会提倡的健康的意识与行为，而虚荣心则是通过炫耀、显示、卖弄等不正当的手段来获取荣誉与地位。

虚荣心太强是有明确表现及危害的：

1.物质生活中的虚荣心行为：主要表现为一种病态的攀比行为。

2.社会生活中的虚荣心行为：主要表现为一种病态的自夸炫耀行为，通过吹牛、隐匿等欺骗手段来过分表现自己。

3.精神生活中的虚荣心行为：主要表现为一种病态的嫉妒行为。

虚荣心重的人，所欲求的东西，莫过于名不符实的荣誉，而所畏惧的东西，莫过于突如其来的羞辱。虚荣心最大的后遗症之一是促使一个人失去免于恐惧、免于匮乏的自由；因为害怕羞辱，所以不定时地活在恐惧中，时常没有安全感，不满足；而虚荣心强的人，与其说是为了脱颖而出，鹤立鸡群，不如说是自以为出类拔萃，所以不惜玩弄欺骗、诡诈的手段，使虚荣心得到最大的满足。问题是虚荣心是一股强烈的欲望，欲望是不会满足的。

英国哲学家培根和德国哲学家叔本华有两句格言："虚荣的人被智者所轻视，愚者所倾服，阿谀者所崇拜，而为自己的虚荣所奴役。""虚荣心使人多嘴多舌，自尊心使人沉默。"

男人虚荣：小品《有事您说话》的主人公为了表现自己比别人强，有本事，就瞎吹牛，说自己有路子买火车票，结果别人托到他的时候，为了证明自己能，只好夜里排队去买票，弄得自己狼狈不堪。这是典型的虚荣表现，它所带来的痛苦和麻烦都是自找的。

女人虚荣：我看了一篇报道，说有位女同胞，月收入不过2000～3000元，但为了在别人面前有"面子"，她宁可省吃俭用，攒下大半年的收入去高档专卖店买一个LV挎包，她可以每天背着这个挎包去挤公交车或走路上下班以省下车钱。

有的女人为了在别人面前显示高贵，超出自身承受能力地去买高档服装、化妆品、首饰等奢侈品，为了过上表面奢华、虚荣的生活，不惜傍大款、卖身、啃父母，她们失去的是什么呢？自由、独立和持久的心灵快乐。

父母虚荣：很多大人把孩子当成工具，为了实现自己未能实现的梦想，要求孩子为父母争面子，于是，一味地要求、强迫孩子，不尊重孩子。殊不知，这也是对孩子心灵的一种摧残。

克服虚荣必须分清自尊心和虚荣心的界限，正确认识自己的优、缺点；必须做一个诚实的人；必须培养自己的求实品质。有些人非常希望得到别人的尊重与欣赏，却往往不能如愿以偿，一个重要的原因是他们陷入了虚荣的误区。虚荣心是一种表面上追求荣耀、光彩的心理。虚荣心重的人，常常将名利作为支配自己行动的内在动力，总是在乎他人对自己的评价。一旦他人有一点否定自己的意思，自己便认为自己失去了所谓的自尊而受不了。

○ 爱夸大的人往往最自卑

事实上，我们也可以从对方的习惯语句来观测他们的行为和个性。

一、在谈话中绝不强调或突出自己

那种使用"我们……""大家……"甚于"我"的人，具有随声附和的性格。他们不见得真的认同你的话，但会礼貌地微笑点头。

二、喜欢在谈话中引用"名言"

大都属于权威主义者。这类人不分场合、不分谈话对象和主题，经常会在与别人的交谈中，使用名人的格言警句来驳斥对方或证明自己的观点。这种人缺乏自信，低估自己的能力，并且总是借助他人之名来壮大自己的声势。这类人在生活和工作中也会有类似的"狐假虎威"现象。但如果你能用"某某名人也用过这个产品"来进行说服，通常能事半功倍。

三、常在谈话中夹杂外语

此类人在学问及能力上有自卑感。可用母语说清楚的事情，却莫名其妙地蹦出几个外语单词来，令听者感到困惑和别扭。这类人大都是希望借着语言来掩饰自己的弱点。这种情况多是由于对自己的学问及能力缺乏自信而引起的。此类型的人喜爱名牌，尤其是国外的名牌。

四、谈话中经常喜欢引用母亲说过的话

在心理和精神上尚未独立。有些女性常用自己母亲的话来表达自己的意见，如"我妈妈说你很有风度"等。这表明此类人尚未成熟，没有完全独立的个性。他们的消费行为属于保守型，不太会买东西来满足自己的物质欲望。

五、过分使用客套话

表示存有戒心。在人际交往中，恰当地使用客套话是必要的。但如果两人的关系已经相当的好，一方却突如其来地说些客套话，则说明说话者心中有鬼或另有图谋。同时，以过于谦虚的言辞谈话，还有可能表示强烈的嫉妒心、敌意、轻蔑、戒备心等。

六、爱夸大的人往往最自卑

那些喜欢用"我三百年前就知道了""你再不给我一个答案，我就要去撞墙"等夸大语气的人，通常在个性上比较自卑，他们希望通过这些夸张的语气引起别人的注意，而夸张的语气也带给他们不必据实吐露的安全感。

○ 透过言谈识人：说的并不比唱的好听

人的言辞往往流露出了一个人的本性，通过言谈来透视下属是一个最直接也最经济的办法，但这也是一种复杂的艺术。因为每一个人都有言不由衷的时候，所以作为一个老板掌握从言辞辨下属的性格的方法是一项必备的管理技巧。

在日常生活中，善于倾听的人能从偏颇的语言中知道对方性格的特点，就像孟子所说："错误的言辞我知道它错在何处，不正当的话我知道它背离在何处，躲躲闪闪的话我知道它理屈在何处。"其实从其言辞分析其性格，说起来很简单，但是其中却蕴含着很大的学问。

例如，有的人言辞偏颇，这些不当或夸大的言辞常在忘乎所以时出现，不论人们高兴或不高兴，凡是夸张的话都好像是在说谎，正因为如此，人们都不大会相信，因此传达这种不大令人相信的话的人往往要遭到祸殃。在我们的周围，有的人言辞锋锐，抓住对方弱点就不放手，看问题往往一针见血，这表明此人比较有洞察力。如果领导用人时，能考虑他在这方面的优点，就能使之成为公司中难得的栋梁之材。

有的人侃侃而谈，宏阔高远却又粗枝大叶，不大理会细节问题，这种人往往志大才疏。优点是志向远大，善从整体上把握事物，大局观良好，缺点是理论缺乏系统性和条理性，论述问题不能细致深入，做事往往不能考虑周全，面面俱到。

有的人不屈不挠，公正无私，原则性强，是非分明，立场坚定，缺点是处理问题不善变通，显得非常固执，但是这种人如果巧妙地运用，往往也能够发挥巨大的作用。

有的人知识面宽，随意漫谈也能旁征博引，各门各类都可指点一二，显得知识渊博，学问高深，正像古人所说的"才高八斗"。但是这种人缺点是脑子里装的东西太多，系统性差，往往眼高手低，如能增强其分析问题的深刻性，定会成为优秀的、博而且精的全才。但这种人也往往反应不够敏捷果断，转念不快，属于细心思考、常思考型人才，如能加强果敢之气，会变得从容平和，有长者风范。

有的人接受新生事物很快，听到新鲜言辞就能在日常工作中活学活用，而且往往都可以小试牛刀。但缺点是没有主见，不能独立，如能沉下心来认真研究问题，形成自己的一套思路，无疑会成为业务高手。

有的人独立思维好，好奇心强，敢于向权威说不，敢于向传统挑战，开拓性强。缺点是冷静思考不够，易失于偏激，可利用他们做一些有开创性的事。

有的人用意温润，性格柔弱，不争强好胜，不轻易得罪人，可以说是一个老好人。缺点是意志软弱，胆小怕事，雄气不够，怕麻烦，如能增强毅力，知难而进，勇敢果决，会成为一个外有宽厚、内存刚强的刚柔相济的人。

单单了解以上的这些语言跟性格之间的关联还是不够的，关键是对于这些东西活学活用，正如德国一个哲学家说的"对于一个优秀的人才来说，单单掌握理论是不够的，重要的将这些理论化为现实的力量"。对于一个领导者来说，其在这方面首要的一个步骤是学会如何从谎话中识别人。

小时候父母就教导我们，不要说谎，并反复告诫我们，说谎是人变坏的开始。但是不论是生活中还是工作中说谎这种事都是很难避免的。这种"说谎的艺术"随着年龄的增长却变得越来越高明，我们小的时候说谎时明显地用手遮住嘴巴，并且还会羞愧得变红脸好像是想防止谎话从嘴里出来一样，可长大后这种手势则变得老到而又隐蔽。许多成人会用假咳嗽来代替，还有的则是用大拇指按住面颊，或用手来回抹着额头。女性说谎最常见的是用手撩耳边的头发，似乎企图把不好的想法撇开。再如，你去同事家串门，尽管主人表示欢迎，但却多次看表，那表明此时你的来访已经打扰他了。告别时，尽管他再三挽留，而身体准备从沙发上起来，眼神瞟向门边，则表明你的离开是时候了。

心理学家研究证明：一个人一开始说谎，身体就会呈现出矛盾的信号，面部肌肉的不自然，瞳孔的收缩与放大，面颊发红，额部出汗，眨眼次数增加，眼神飘忽不定。尽管说谎者总是企图把这些信号隐藏起来，但是往往很难如愿。而且一个人在电话里说谎比当面说谎要镇定从容。基于这一特点，老板在与下属谈话时应该尽量单面谈，与下属面对面，目光直视，这样就会让其体态语言暴露无遗，这样很容易看出他是否在说谎。谈话时还可以让他的身体没有依傍，不应该让下属背靠墙，从而解除他的防备心理，这样会使他谈话时候坦白一些。

有时，对方谈吐的速度、口气、声调、用字等，蕴藏着极为丰富的第二信息，撩开罩在表层的面纱，就能探知一个人内心的真实想法。一般来说，如果对方开始讲话速度较慢，声音洪亮，但涉及核心问题，突然加快了速度，降低了音调，十有八九话中有诈。因为在潜意识里，任何说谎者多少有点心虚，如果他在某个问题上支吾其词，吞吞吐吐，可以断言他企图隐瞒什么。倘若你抓住关键的词语猛追不放，频频提问，说谎者就会露出马脚，败下阵来。

在这一方面我国晚清杰出的政治家和军事家曾国藩就是一个很好的例子。他指出，人的言辞往往流露了一个人的本性。他在日记中说："天地之所以不息，国之所以立，圣贤之德业之所以可大可久，皆诚为之也。故曰诚者物之终始，不诚无物。"对一般人来说，"知己之过失，即自为承认之地，改去毫无吝惜之心，此最难之事。豪杰之所以为豪杰，圣贤之所以为圣贤，便是此等处磊落过人。能透过此一关，寸心便异常安乐，省得多少瓜葛，省得多少遮掩、装饰、丑态。"

至于用人之道，曾国藩指出："观人之道，以朴实廉价为质。有其质而附以他长，斯为可贵。无其质，而长处亦不足恃。甘受和，白受采，古人所谓无本不立，义或在此。"可见曾国藩非常地强调从言谈举止之中去分辨一个人。他进一步分析道"将领之浮滑者，一遇危险之际，其神情之飞越，足以摇惑军心；其言语之圆滑，足以淆乱是非，故楚军历不喜用善说话之将。"

由以上可见，曾国藩的观察人才的标准，以朴实廉正为最本质的。有了根本再使其有其他特长，这是难能可贵的。没有根本，其他特长也不足倚重。甘甜的味道容易调和，洁白的底色容易着彩，古人所说的没有根本不能成器，就是说的这个意思。

作为一个领导者更要认真研究曾国藩的用人识人艺术，只有用真诚之心自我约束，虚心与人相处，公司的事业才会蒸蒸日上。

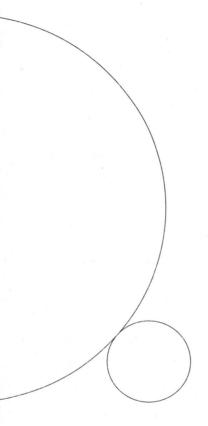

第七章

发动心理反击，
见招拆招扭转谈判劣势

○ 偷梁换柱，把对方依仗的铁台柱换掉

"偷梁换柱"之计虽然好用，但也要看场合，顾及道德底线。奸诈的小人终不能长久。

"偷梁换柱"是军事上常用的计谋。我们都知道，"梁"和"柱"是建造房屋时不可缺少的东西。在打仗时，军队布阵有东西南北之分，前后相对，称之为"天衡"，是军队的"大梁"，从中央两列延伸的是"地轴"，是军队的"支柱"，这种十字形的编队，不论在攻还是防上都是最有利的。因此，在编队时，要以自己实力最强的部队，作为"天衡""地轴"，去替代敌军。这样做，势必使敌军就地垮掉，于是就能吞并其军队。

秦始皇帝运用"远交近攻"的策略，成功地消灭了六国，统一了中国。他将武力讨伐与谋略纵横相结合，竭尽全力去削弱敌人的作战能力和战斗意志，如对齐国就是这样。

当时，齐国有一个叫后胜的人出任宰相，掌握了国家的实权。秦始皇盯住后胜，给他送去了很多贵重物品，最后将他收买了。后胜根据秦始皇的要求，把自己的部下和宾客大量送入秦国，秦国把他们培养成间谍后又送回齐国。在秦国的授意下，他们回国后大力宣传秦国的强大，迫使齐王准备停战。

后来，秦国军队逼近齐国首都临淄，竟无一人抵抗。由于间谍的作用，齐国完全丧失了抵抗意志。

秦始皇势力深入到敌方阵地，取得了巨大的成功，"偷梁换柱"之计用得精明，很有可能会换来一整片江山。

"偷梁换柱"之计虽然好用，但也要分场合，顾及道德底线。奸诈的小人终不能长久。在实际经商活动中，"偷梁换柱"之策往往表现在两方面：一方面就是盗用名牌商标，以欺骗手段生产制造假冒伪劣商品，以获取暴利。这种事例在目前我国的商品经营活动中还是经常发生的，如前一段时间市场上曾出现的假茅台酒、郎酒、汾酒；假云烟、红塔山烟以及晋江假药等。当然这种投机经营，只能得势于一时一事，不可能也绝不会长久的。它无论是对生产者还是经营者都是不可取的。另一方面，则是反其意而用之，以变更自己的形象，在激烈的市场竞争中取胜。企业在生产初期，产品处于试制试销阶段，因而需要经常变更形象，待产品成熟定型后，再出现在消费者面前。变更的形式有：一是变更企业名称。当企业在消费者心目中信誉不佳时，往往采取改换企业名称策略，以重新树立新的企业形象；二是改变产品商标。即在产品初创，不知市场反馈如何时，采取不注册商标策略，以便在以后产品竞争力不强时，及时更新商标，等产品质量逐渐提高后，再注册商标。三是模仿名牌商标。如目前市场出现的从酒瓶包装式样到商标图案都与贵州茅台酒或四川郎酒相似的白酒等，即是利用名牌商标推销自身产品的实例。但这种模仿应该是质量过硬、价格低廉，否则消费者就不会买第二次。

"偷梁换柱"之策在商务谈判中还有其特殊的作用。即根据谈判双方都急于了解对方底细的心理，使对手上当。如故意造成疏忽的假象，让对方得知自己的底细，或将假情况遗弃在对方容易发现的地方等，给对手以假象，耗费其精力，以取得谈判的胜利。

○ 围魏救赵，直击对手的大本营

"围魏救赵"之计是拆台不可多得的巧妙手段。围魏救赵是"三十六计"当中的第二计，它的要点在于攻击敌人所必须救援的要害地区，将敌方严阵以待的局面转变成运动分散的状态，以歼灭急行军中疲惫不堪之敌。

曹操在谋杀马腾之后，又想趁周瑜新死之际，进兵东吴，消灭孙权。就在这时，有探马向曹操报告说，刘备正在训练军队，打造兵器，准备攻取西川。曹操听后大惊，他深知刘备如果占据西川，就会羽翼日益丰满，到那时再攻刘备可谓难上加难。曹操有心攻打刘备，又怕失去灭吴的大好时机，正犹豫不决之时，谋士陈群献计说："现在刘备和孙权结为唇齿之盟，若刘备攻取西川，丞相您可以命人带兵直趋江南，孙权一定会求救于刘备。而刘备只想着西川，必定无心救援孙权。这样，我们先攻下东吴，平定荆州，然后再慢慢图谋西川。"曹操听罢，茅塞顿开，遂率领大军 30 万人，去进攻东吴的孙权。

面对曹操咄咄逼人的气势，孙权惊慌失措，立即命鲁肃派人前往荆州的刘备处告急。刘备收到孙权的求援信，感到左右为难：如果只取西川，不顾东吴，必定导致孙刘联盟的瓦解；如果支援孙权，放弃西川，岂不可惜？正在刘备拿不定主意的时候，刚刚从南郡赶回荆州的诸葛亮献计说："主公不必出兵东吴，也不必停止攻打西川，只修书一封，说服马超进攻曹操，使曹操首尾不得兼顾，让他自动从东吴撤兵。"刘备闻言大喜，连忙派人带着他的亲笔书信说服马超进攻曹操。马超是西凉马腾之子，马腾为曹操所杀，马超正切齿痛恨曹操，时刻打算杀死曹操，为父报仇。一见刘备来信，马超便率 20 万大军浩浩荡荡杀向关内，连续攻下长安、潼关，曹操急忙回师西北，根本无心攻打东吴了。

一幅诸侯争雄的战略态势图，实际上是一个各方力量相互牵制的"关系网"。诸葛亮利用各方力量相互牵制的实际情况，向刘备献上"围魏救赵"的计谋，不仅挽救了岌岌可危的东吴，而且使刘备乘隙占领西川，为蜀国日后成为鼎之一足打下了基础。

同样，在经营管理方面，充分利用市场信息，预测市场需求趋势、开拓新产品、钻空档、走冷门也是"围魏救赵"的一种体现，它的核心就在于"避实击虚"。对于企业内部管理应该注重次要矛盾的合理和及时地解决，不能使其漫延，以至危及整个集体利益。

有"千岛之国"之称的印度尼西亚，是由许多岛屿组成的，因此公用电网少，小型电机由于其使用灵活方便，在这里有广阔的市场。

最初，印尼电机市场是由英国占领的，后来随着日本电机的进入，英国电机由于价格昂贵逐渐失去了市场。就在日本电机厂商以为自己马上就可以垄断市场时，福建闽东电机厂也开始参与市场竞争了。闽东电机厂是专营小型发电机的，他们的产品一进入印尼就受到了广泛欢迎，第一批投放的几千台电机被一抢而空，订单源源不断。

日本电机商人意识到闽东电机厂将是其主要竞争对手，为了及早把威胁消除在萌芽阶段，把闽东电机厂挤出印尼和东南亚市场，于是决定采用"围魏救赵"的策略。他们决定以退为进，进军闽东电机厂的大本营福州市，迫使闽东电机厂忙于应付福州市场的竞争，趁中方无暇顾及之际独占东南亚市场。

闽东电机厂为宣传自己产品形象，在福州市中心树立了大幅广告牌。日本商人与闽东电机厂谈判，要重金收买该厂树在市中心的广告牌用来宣传日本机电商品。当时闽东厂的有关领导人没有识破日本商人的险恶用心，认为一个广告牌可以卖几十万美元，竟高兴地同意了。正当要签合同时，闽东电机厂厂长从外地赶回，果断地决定放弃合同，并向日商提出愿意以几倍的价格收购日本电机商人的广告牌。日商一看计谋被识破，只得扫兴而归。后来，这位日本电机商又采用了种种方法和闽东电机厂在东南亚展开争夺，但最后都以失败告终。

在当今世界，由于世界性大市场逐渐形成，厂家竞争已变成了全方位的竞争。从产品形象、产品质量直至产品广告都不可放松，稍不留意，就有可能给竞争对手提供机会。

可见，避开表面的锋芒，声东击西，方能轻松取胜。这种妙计的效果常常令人击节赞叹，然而计策的运用确有其内在条件。"围魏救赵"的实施要具备以下条件：

1. 施计者需要有过人的眼光和超群的才智，有广博的知识，善于观察周围的环境变化，发现对手的弱点；

2. 此计对于实力略处下风的一方尤为有效，弱势者要耐着性子，后发制人；

3. 施计者不能只满足于解围，要有更远的打算，通过调动敌人，最终打击敌人，这需要远见和勇气。

运用"围魏救赵"策略时一定要注意，它的精髓就在于避实就虚。"围"仅仅是手段，"救"才是根本性的目的，要达到"救"的目的，当然要分散对方的注意力，但是"围"是虚，"救"是实，一定要着眼于通过让对手疲于奔命，拉远敌我双方实力的差距，为随后的战略决战打下坚实的基础。要注意积蓄力量，等待时机，避免张扬，过早地暴露自己。

○ 信息至上，制人要拿到关键把柄

抓刀要抓刀柄，制人要拿把柄。智者在对手身上发现了弱点，从不会轻易放过，而利用其弱点"拿住"他为我所用。

抓刀要抓刀柄，制人要拿把柄。智者在对手身上发现了弱点，从不会轻易放过，而利用其弱点"拿住"他为我所用。

汉代的朱博本是一介武生，后来调任左冯翊地方文官。他利用一些巧妙的手段，制服了地方上的恶势力，被人们传为美谈。

在长陵一带，有个大户人家出身的名叫尚方禁的人，年轻时曾强奸别人家的妻子，被人用刀砍伤了面颊。如此恶棍，本应重重惩治，只因他大大地贿赂了官府的功曹，而没有被革职查办，最后还被调升为守尉。朱博上任后，有人向他告发了此事。朱博觉得太岂有此理了，就召见尚方禁。尚方禁心中七上八下，硬着头皮来见朱博。朱博仔细看尚方禁的脸，果然发现有刀痕。就将左右退开，假装十分关心地询问究竟。尚方禁做贼心虚，知道朱博已经了解了他的情况，就像小鸡啄米似的接连给朱博叩头，如实地讲述了事情的经过，头也不敢抬，只是一个劲地哀求道："请大人恕罪，小人今后再也不干那种伤天害理的事了。""哈哈哈……"朱博突然大笑道："男子汉大丈夫，本是难免会发生这种事情的。本官想为你雪耻，给你个立功的机会，你愿效力吗？"于是，朱博命令尚方禁不得向任何人泄露今天的谈话情况，要他有机会就记录一些其他官员的言论，及时向朱博报告。尚方禁已经俨然成了朱博的亲信、耳目了。

自从被朱博宽释重用之后，尚方禁对朱博的大恩大德时刻铭记在心，所以干起事来特别卖命，不久就破获了许多起盗窃、强奸等犯罪活动，工作十分见成效，使地方治安情况大为改观。朱博遂提升他为连守县县令。又过了相当长一段时期，朱博突然召见那个当年受了尚方禁贿赂的功曹，对他进行了独自的严厉训斥，并拿出纸和笔，要那位功曹把自己受贿的事通通写下来，不能有丝毫隐瞒。那位功曹早已吓得筛糠一般，只好提起了笔，写下自己的斑斑劣迹。由于朱博早已从尚方禁那里知道了这位功曹贪污受贿，为奸为淫的事，所以看了功曹写的交代材料，觉得大致不差，就对他说："你先回去好好反省反省，听候裁决。从今以后，一定要改过自新，不许再胡作非为！"说完就拔出刀来。那功曹一见朱博要拔刀，吓得两腿一软，又是鞠躬又是作揖，嘴里不住地喊："大人饶命！大人饶命！"只见朱博将刀晃了一下，一把抓起那位功曹写下的罪状材料，三两下，将其劈成纸屑，扔到纸篓里去了。自此以后，那位功曹终日如履薄冰、战战兢兢，工作起来尽心尽责，不敢有丝毫懈怠。

抓住对方的弱点给予打击，有如气功中点穴手段的奇妙效果。有些弱点是事先已经被我方掌握的，而有些弱点则是在对招之中对方暴露出来的，因此我们要随时发现把柄。出色的谈判家常常留意寻找对手的弱点，狠狠一击，譬如釜底抽薪，使对方的锐气顷刻消释，束手就范。

○ 火眼金睛，耐心等待对手露出马脚

俗话说"打蛇打七寸"，同样的，制人也要抓住把柄。把柄的拿捏并不容易，要切记不要打草惊蛇，耐心等待其露出马脚。

清朝雍正皇帝在位时，按察使王士俊被派到河东做官，正要离开京城时，大学士张廷玉把一个很强壮的佣人推荐给他。到任后，此人办事很老练，又谨慎，时间一长，王士俊很看重他，把他当作心腹使用。王士俊期满了准备回到京城去。这个佣人忽然要求告辞离去。王士俊非常奇怪，问他为什么要这样做。那人回答："我是皇上的侍卫。皇上叫我跟着你，你几年来做官，没有什么大差错。我先行一步回京城去禀报皇上，替你先说几句好话。"王士俊听后吓坏了，好多天一想到这件事两腿就直发抖。幸亏自己没有亏待过这人！要是对他不好，命就没了。

　　为人处世，要像王士俊一样懂得矜持；交朋友也要有城府，否则会授人以柄，后患无穷。对于这一点某先生的体会颇深刻，值得分享："矜持是很多人借以保持神秘魅力的法宝，但我却常常把握不住。心里本来有什么东西，你把它当作自己看家的内涵，放得很高看得很重，仿佛你就因为它而有资本——含蓄和深沉。可一旦说出，你就没了，而若给有城府的人掌握了你的内涵，他就在你面前更有资格矜持了。因为你把内心的一块领地出卖给了人家，人家有更大的内心势力砍价了。他的大城府既然占据了制高点，他就可以在自家阳台上任意俯视你的小城府了，而且一览无余。这样，你便既不自主自在，又无神秘可言，自然也就显得不珍重！而假若你要回访别人，人家可是庭院深深深几许的，你根本没门。所以要谨防由于你的拱手相让'丧权辱国'而导致别人对你的心灵殖民！"

阿喀琉斯是荷马史诗中的英雄。据说在他出生后母亲为了使他能刀枪不入，便捏住他的脚踝，把他浸入能让他刀枪不入的冥河水里，但他被母亲捏住的脚踝处却未能浸到冥河水，这成了他的致命弱点。后来在一场战斗中，他被帕里斯射中脚踝而死。

挑战者要想以弱敌强，以弱胜强，就要善于发现英雄阿喀琉斯没有被冥河水浸泡过的脚踝。戴尔电脑的创始人迈克尔·戴尔对此有深刻的认识。他认为，所有强大的公司都有其弱点。通过研究竞争对手的游戏规则，就能发现将其最大的长处变为缺点的机会。要发现强势对手的致命弱点，有时候需要耐心地等待恰当的时机。

○ 重视隐情，可以利用多次的弱点

"道高一尺，魔高一丈"，再狡猾的狐狸也会露出尾巴。对对手的弱点保好密，便可以多次利用同一个把柄抑制对手。一旦你掌握的秘密被公开以后，他便会破罐子破摔，反而毫无顾忌地对你报复。

狐狸总会露出尾巴，人人都想掩盖自己的弱点和丑处，更有些心智狡猾的人城府很深，很难让人抓住把柄。

比如，对方的现任太太并不知晓他的一大秘密：他在婚前与一个女人恋爱过，而且还有了孩子，对这个孩子他没有正式承认过。即使深知这个秘密，还是无法当作他的弱点加以利用，必须确定那个女人与孩子的姓名，才能大加利用。我们姑且当作已探出了他们的姓名——母亲是"H"，孩子叫"M"。当他立于众人面前，以一种傲然的态度，喋喋不休地与你吵起来时，你就用极其平静的口气，突然改变话题，问一句："我忽然想到一件事，你最近有没有跟H小姐见过面？"对这个秘密一无所知的人，以及虽略有所闻，但是不知道她姓名的人，对你说的话，当然会不知所言何事。不知底细的人全然不了解你所言何事——这个事实，便是你能够利用对方弱点，战胜对方的要诀所在。要是你继续问下去，等于把他不愿意为人所知的大秘密掀了出来，他当然会急得如热锅上的蚂蚁，只好设法使这一场吵架草草收兵。于是，他便会一改刚才趾高气扬的态度，低声下气地抗议说："噢……噢……这种话何必在这儿说呢？"此后，你就要屡次搬出H小姐来制服他。除非到了他听到H这个名字时，就情不自禁地愕然一惊，你才再搬出M这个名字来，要一步步让他知道你的厉害，这也是利用对方弱点的另一个要诀。

要把对方的隐情当弱点利用的时候，千万不能在众人面前公开。你只能以能够使他明白的方式闪烁其词，把他掌握得死死的。

比如，某大学生家里来客，父亲叫他去附近小店买一瓶茅台酒。待酒买回，发现是假货。父亲将假酒揣于怀中，去了小店，让店主拿过一瓶茅台酒来。父亲持酒仔细审视，并自语道："唉，这年头假茅台太多了！"店主抢过话头："你放心，我这里绝对是真货！"父亲仍叹曰："啊呀，上次我在市中心一家店铺买了一瓶，店主还不是打包票说绝对不假。谁知一打开来——是半公斤才一元钱的高粱酒！"店主道："你去找他呀！"父亲哭丧着脸说："已经过了好几天才开瓶发觉的，他还会认账吗？"店主惋惜道："你当时发觉就好了，他敢不认账！"父亲认真请教："要是当时发觉了，他还是不认账咋办？"店主指教曰："找工商局去呀！人赃俱获，他能不怕吗？"父亲见时机已到，和躲在一边的儿子招一招手，而后从怀中摸出那假酒来："那好！请你看该咋办吧？"店主一下傻了眼："对……对……对不起，对不起！我退款，我退款！"

在店主毫不知情的情况下，不自觉地就钻进了父亲设好的小圈套。实施这种技巧的关键在于"引"。"引"有两个环节：一是时机与环境。何时引，每一步引到什么程度，所引适不适合，都要考虑面临的机会和氛围；操之过急或行之迟缓，都不相宜。二是巧妙与自然。引，既然是要对手的思路按照自己的愿望发展，这就要求引者不能露出破绽，必须天衣无缝，自然会一步一步地向预定目标靠拢。

○ 釜底抽薪，打消对手嚣张气焰的资本

所谓釜底抽薪，就是不直接去面对问题或障碍，而寻找问题或障碍存在的根源，绕道去消除根源，根源一去，问题或障碍自然就不可能再存在了。

我们在人际交往中，常会遇到很多傲气十足的"讨厌鬼"，他们往往有这样那样的资本可以依赖。如果你能针对他产生傲气的资本给予打击，便无异于釜底抽薪，拆掉了他的台子。

清朝末年，由于左宗棠不倒，对李鸿章的发展构成了很大的障碍，李鸿章想除掉左宗棠，但从何下手呢？总不能直接去把左宗棠杀了或关起来吧？

李鸿章经过分析发现：由于清政府资金紧张，左宗棠平常用来运作各种大事的资金，有相当大一部分来自官商胡雪岩，于是他打定了主意：除左必先除胡。但胡雪岩也不能抓来杀头或关押啊，人家也没犯法。李鸿章又进一步分析胡雪岩，结果他发现胡雪岩的生意主要集中在钱庄、当铺、丝行和药店几个领域，其核心又是钱庄，因为钱庄一倒，胡雪岩的生意必然运转困难。于是，他决定先搞掉胡雪岩的钱庄。但钱庄也不能派官差去封掉啊，合法经营的钱庄，封掉会引起公愤。

于是，李鸿章行动了。他发现钱庄命脉在信用，于是他先放出风声，说胡雪岩钱庄周转不灵了，有很多人持巨额银票兑换现银，库存现银已严重不足了。风声一出，大量存户涌向胡雪岩的钱庄，排起长龙兑换现银。钱庄最终没有经受住这场挤兑，胡雪岩不得不宣告钱庄关门。钱庄一关，相关产业跟着出现问题。不久，胡雪岩全面破产，左宗棠的经济支持被撤掉，一下子陷入了困境。

在这一案例中，李鸿章经过了多次绕道：

第一次是绕开左宗棠，矛头指向胡雪岩；

第二次是绕开胡雪岩，矛头指向胡雪岩的生意；

第三次是绕开胡雪岩的其他生意，矛头指向钱庄；

第四次是绕开钱庄，矛头指向钱庄信用。

为什么要这样迂回地绕道？因为"钱庄信用"才是左宗棠这个"釜"底之"薪"。只要找到对方的源头"薪"，就能很容易地打击对手。

现代的专利战虽不是硝烟弥漫，但却残酷无情，它是打击对手、独霸市场的最有效武器。然而，任何武器都有其薄弱之处，专利最致命的弱点是它能从有效变为无效。所以常常看似强大的专利诉讼，就因其专利是无效的而冰消瓦解。

众所周知，世界上第一台电子计算机是1946年在美国诞生的，这台重30余吨、占地170多平方米的庞然大物最早是由埃克特和英奇勒制成的，并于1950年获得电子计算机的发明专利权。

美国有两家大公司从专利权人那里买下了生产电子计算机的使用权，电子计算机这个新兴产业从此兴旺起来，投资生产计算机的企业也在增多，当然，买下专利使用权的两大公司统治着市场。其中有一家汉尼威公司没有买计算机的专利使用权，也在生产计算机，这就引起这两大公司的强烈不满，并诉诸法院。

在美国授予专利权采用的是"先发明制"，就是指按谁是最先发明的为准，不看申请时间的先后。因此，只要汉尼威公司发现比该专利更早的发明证据就可击败对手。

在法庭上，汉尼威公司陈述说，不承认两大公司是合法的专利权人。因为最早提出电子计算机发明设想的是塔内索。法院审理后判决，英奇勒和埃克特的专利无效，第一台电子计算机的发明人是塔内索。因为塔内索早在 1937 年即开始设计和制造了一台计算机模型，并提出这种机器的工作原理；而英奇勒和埃克特等人那时并没有发表任何文章，更没有样机。

就这样，汉尼威巧用釜底抽薪之计，把即将沸腾的战火熄灭了，这两大公司真是哑巴吃黄连，有苦说不出。

锅里的水沸腾，是靠火的力量。沸腾的水和猛烈的火势是势不可挡的，而产生火的原料薪柴却是可以接近的。强大的敌人虽然一时阻挡不住，何不避其锋芒，以削弱它的气势。《尉缭子》说："士气旺盛，就投入战斗；士气不旺，就应该避开敌人。"削弱敌人气势的最好方法是采取攻心战。所谓"攻心"，就是运用强大的政治攻势。吴汉在大敌当前时，沉着冷静，稳定了将士，乘夜反击，获得了胜利。这就是不直接阻挡敌人、用计谋扑灭敌人气势而取胜的例子。

宋朝的薛长儒在叛军气势最盛之时，挺身而出，只身进入叛军之中，采用攻心战术。他用祸福的道理开导叛军，要他们想想自己的前途和父母妻子的命运。叛军中大部分人是胁从者，所以自然被他这番话说动了。薛长儒趁势说道："现在，凡主动叛乱者站在左边，凡是不明真相的胁从者站在右边。"结果，参加叛乱的数百名士兵，都往右边站，只有为首的十三个人慌忙夺门而出，分散躲在乡间，不久都被捉拿归案。

这就是用攻心的方法削弱敌人气势的一个好例子。

○ 颠覆信念，让对手希望泡汤

人活在世上，没有希望是可悲的。如果毫无希望，谁都不会有心思去搭台唱戏，苦心经营。因此，让对手不抱希望、心如死灰，他的台子便不拆自垮。

历史上，圣人孔子也在这个招数上栽过跟头，结果流亡他乡。

春秋时期，齐景公在夹谷曾受过孔子一番奚落，于是耿耿于怀。适巧自己的贤相晏婴又死了，后继无人，而鲁国此时重用孔子，国政大治，于是有些惊慌起来，便对大夫黎弥说："鲁国重用孔老头，对我国的威胁极大，将来它的霸业发展，我国必首蒙其害，这却如何是好？"

黎弥说出来计策："岂不闻'饱暖思淫欲，贫穷起盗心'？今日鲁国天下太平了，鲁定公是个好色之徒，如果选一群美女送给他，他必会照单接收。收了之后，自然日日夜夜在脂粉丛中打滚，什么孔子、庄子，怎及银子、女子，他们还会像过去那样亲密吗？这样一来，保管把孔子气走，陛下不是可以高枕无忧了吗？"

齐景公认为此计甚妙，即令黎弥去挑选若干美女，教以歌舞，授以媚容。训练成熟之后，又把一百二十匹马，特加修饰，金勒雕鞍，装扮似锦，连同那几个美女送到鲁国去，说是给鲁定公享受的。

鲁国另一位丞相胡季斯，首先听到这个消息，心里便痒不可支，即刻换了便服，坐车到南门去看，见齐国的美女正在表演舞蹈，舞态生风，一进一退，光华夺目，不禁目瞪口呆，手软脚麻，意乱神迷，已忘记了入朝议事这档子事。鲁定公也好此道，季斯乘机做向导，带他换了便服到南门去。于是"芙蓉帐暖度春宵"，从此君王不再早朝了。

孔子闻得此事，凄然长叹起来。子路在旁边说："鲁君已陷入迷魂阵，把国事置于脑后，老师！可以走了吧？"

孔子说："别忙！效祭的时候已到，这是国家大事，如君王还没有忘记的话，国家犹有可为，否则的话，再卷包袱未迟！"

到了效祭期间，鲁定公也循例去参祭一番，却一点诚心都没有，草草祭完，便又回宫享乐去了，连肝肉都顾不得分给臣下。孔子便对子路说："快去通知各位同学，卷好包袱，明早就离开这儿！"

于是，孔子弃官不做，率领一班学生去周游列国，过起流浪生活了。

人性的防线往往是最脆弱的，要攻垮一个人，最有效的方法，便是攻心计。

张仪为秦国破坏六国合纵而推行连横策略，前去燕国游说燕王："大王最亲近的莫过于赵国，以前赵襄子把他姐姐嫁给代王为妻，是想兼并代国。他和代王约定在句注要塞举行会盟，可是暗地却叫工匠做了一把铜制的羹斗，斗柄很长，可以用来打人。当他和代王野宴时，事先告诉厨师说：'当我们酒酣耳热时，你就把热汤端上来，然后把羹斗倒过来，用斗柄把代王打死。'果然，酒兴正浓时厨师端上热汤，为他们盛汤，然后把羹斗倒过来，用斗柄把代王打得脑浆涂地。赵襄子的姐姐知道以后，用磨尖的头簪自杀而死，所以现在还有一座摩弄山。这件事尽人皆知。

"赵武灵王暴虐冷酷，这点大王非常清楚。难道大王认为赵武灵王是可以亲近的吗？赵国以前曾出兵攻打燕国，两次围攻燕都蓟丘，威胁大王。大王割十城给赵国，向赵国谢罪，这才撤退。现在赵王已经到秦国渑池朝贡，并且把河间献给秦国。

"假如大王不臣事秦国，那秦兵就会开到云中、九原，迫使赵国攻打燕国，这样易水和燕长城就不属于大王了。再说现在赵国对于秦国，就像一个郡县，并不敢随便出兵征伐。如果大王想要臣事秦国，秦王必定很喜欢，而赵国也再不敢轻举妄动。这样一来，燕国西面有强秦援助，南面却没有齐、赵之忧患，希望大王深思熟虑。"

燕昭王说："幸亏有贤卿来指教，寡人愿意率领燕国臣事秦国，并且把常山末端的五城献给秦国。"

张仪真是老奸巨猾，他除了巧于说辞之外，还工于心计，深谙心理战术，一番言语下来，就让燕王俯首帖耳，听命于他，心甘情愿地献出五城，臣事秦国。

仔细分析张仪的说服技巧，可以看出是分五步来实施的：

第一，揭赵国老底，让燕王寒心。张仪一见面便将矛头对准燕王最亲近的赵国，直言不讳地揭露从前赵襄子的老底。当年赵襄子为了达到兼并代国的目的，亲自导演了一幕"阴谋与爱情"

的惨剧，毫无人道地谋杀了自己的亲姊夫代王，一举夺得代地。讲述这件典故的目的，就是让燕王对赵人感到寒心，首先在心灵上蒙上一层阴影。

第二，旧事重提，让燕王伤心。赵武灵王曾经出兵攻打燕国，从燕王手中掠夺了十座城池，这是燕王亲身经历的事。现在张仪又旧事重提，就不免勾起了燕王尘封已久的记忆，在他那已经愈合的伤口上又划上一刀，使燕王伤心，更觉得赵人真的不可依靠。

第三，告之真情，让燕王死心。张仪接下来直言相告：赵王已经到秦国退池朝贡，并且把河间献给秦国。这一消息非同小可，好像一把匕首直插燕王心窝，使他伤心之余又倍感绝望。因为燕、赵原是合纵的最好盟友，本应该共同抗秦，但赵王却背地里先他一步臣事秦国。最可靠的朋友都背叛了他，这怎不让他吃惊和失望？至此燕王的希望被彻底破灭了。

第四，胁以兵威，让燕王忧心。张仪软的使完了，又来硬的，说是如果燕王不臣事秦国，那秦兵就会收拾他，燕国江山难保，使燕王为此而忧心，这就瓦解了燕王的斗志。

第五，指示前途，让燕王宽心。张仪在恩威并施之后，又给予安抚，告之说："燕国臣事秦国之后，将没有齐、赵之忧，可以高枕而卧。"给他指出了希望所在，进一步引诱燕王，使之放宽心。至此，燕王的心理防线彻底被攻垮，无处逃遁，唯有缴械投降。

没有什么比让对方能在心底里自己颠覆了信念更有效的方法了，进攻在于攻心，心力垮掉，行动也就难有作为了。

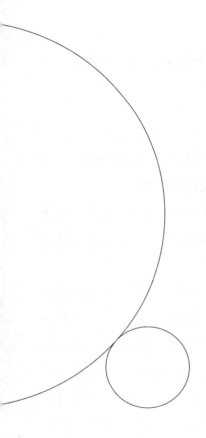

第八章

利用心理降服，
让对方心悦诚服地接受

○ 想要点头率高，先想想你的个人魅力在哪里

假如某事使你怒不可遏，你可能会将怒火一泄为快，但你是否想到对方此时此刻的心情？他能同你共享这种心理上的不满吗？你愤怒的语气和不友好的态度能迫使他同意你的观点吗？你如何在复杂的环境中施展个人魅力，成功说服他人？

事实上，如果你想以拳相待，对方同样也会以牙还牙。假如你善于妥协和让步，并合适地运用说服语言，就一定能找到共同语言。

1915 年，美国工业史上规模最大的罢工浪潮在科罗拉多州持续了两年。矿工们要求富勒煤铁公司提高工人工资。当时该公司由洛克菲勒主持。愤怒的罢工者砸坏机器，拆毁设备，因此导致了军队的干预并发生多起流血事件。就在人们对洛克菲勒充满愤恨的时候，他却将罢工者争取到自己这一边。他是如何做到的呢？首先，洛克菲勒用了几个星期的时间谋求与罢工者建立友好关系，尔后向罢工工人代表发表了热情洋溢的讲话。他的讲话真可称之为演说杰作，它产生了奇妙的效果，缓和并阻止了向他袭来的仇恨浪潮。在这次讲话之后出现了一批洛克菲勒的崇拜者，部分罢工者只字未提为之长期斗争的、提高工资的要求，便恢复

了生产。他在讲话中运用了感人肺腑的诚恳语言。他说："今天是我一生中值得纪念的日子，我为能和这个大公司的工人代表、职员和管理人员第一次在此相会而感到荣幸。请相信，我为此而自豪并永远记住这一天。假如我们相聚在两个星期之前，对你们中的大多数人来说我还是个陌生人，因为那时仅有个别人认识我。在拜访了你们的家庭并已和你们当中的不少人进行交谈后的今天，我可以有把握地说，我们是作为朋友在这里相聚的……"

洛克菲勒在这里运用的说服策略可以说是相当成功的。假如洛克菲勒采取另一种方法，那么结果又会如何呢？如果他据理力争，摆出一大堆力求证明这些矿工是无理的材料，即使他能够驳倒对方，也是一无所获，甚至仇恨和憎恶会越积越深。可见，如何在说服中充分展现个人魅力，是成功说服的关键。

首先是确立目标。你首先必须知道你想要什么，然后才谈得上实施。所有的说服者的失败都由于没有清楚地认识到这一点。洛克菲勒能在环境险恶时保持镇静，知道自己应该达到的目标是让工人们和产业和谐相处，共同发展，所以他选择了理性、和平的方式。

其次要看准对象去说服。在社会上工作久了，你就可以辨清什么人属于攻击型，什么人属于粗野型，什么人是指责型，什么人是冒犯型，什么人是消极型，也可以找到说服他人的办法。当你采取说服他人的正确方式时，你就掌握了主动权。有人说："我缺乏说服能力。"有人说："我对下属讲话，他们'一只耳朵进，一只耳朵出'，根本不知道你在说什么。"其实，这里面有一个重要的问题，就是你是否了解要说服的对象。

说服他人的前提是了解他人，而了解他人则有许多学问。首先要对对方的"听力"加以分析。所谓"听力"，并非指耳朵接受声音的能力，而是指对方对不同意见的接受能力。你的话虽然说了，也许只是一厢情愿的唠叨而已，因为你事先并未了解对方的"听力"，说服不但不能奏效，反而会引出口角。各人的"听力"都不相同：有的人比较精于逻辑思考，能冷静地听你的话，思考分析，他不会立刻相信你的话，因此想要说服他就要求你说话要有根有据，条理分明，否则他根本不会相信你的话。有些人不善于把握资料，也不习惯长时间去思考，更反感和你一起推理，他只想让你作出一个让人信服的结论。有些人满脑子都是人情世故，不考虑你说话的要义，喜欢在你片言只语中去寻找"弦外之音"，揣测你的话会有什么影射含义，对他是否有利或不利。当然，不止以上几种，只要悉心研究，采取有针对性的说服方法，让对方看到对自己有益时，就会使你的说服收到良好的效果。

○ 如何避免请求别人时碰钉子

声东击西、投石问路、自我否定、轻描淡写等都是交际中常用的技巧，在熟练掌握这些交际技巧的同时，我们更应该知道，平日里要广交真朋友，善结好人缘，要有正直高尚的品格、助人为乐的精神，才会有凝聚力、吸引力。

设想一下，当你充满期待地请求他人帮忙时，却当场遭到拒绝，真是难以想象会多么让你如坐针毡。这种因拒绝而产生的尴尬往往会让人心灰意冷，给彼此之间的正常关系带来恶劣的影响。如何避免这种令人困窘的境遇？需要注意哪些不该犯的错误？

首先，在向对方提出请求之前，你要基本了解一下几个方面的情况：提出的要求是否超出了对方的能力范围，要求太高，对方即使有心帮忙，也爱莫能助，这样的要求最好不要提出，否则，岂不是自寻尴尬？

其次，看对方的人品和与自己关系的性质、程度。先侧面了解一下对方是不是乐于助人、慷慨大方，否则，即使你提出的要求并不高，也会被拒绝。还要知道彼此之间的交情深浅，如果对方与你只是泛泛之交，碰壁的可能性就会很大。

最后，看你提出的要求，如果合情不合理，合理不合法，违背政策、原则，就决不要办，更不能去难为别人。

有了以上的基本估计，你就要施展你自己的试探技巧了。人际交往的情况是很复杂的，懂得运用必要的试探方法，能够免去许多不必要的麻烦。以下的方法是比较有效的：

一、声东击西法

当你想提一个要求时，可以先提出一个与此同属一类的问题，试探对方的态度。如果得到肯定的信息，便可以进一步提出自己的要求；如果对方的态度是明确的否定，那就免开尊口，以免遭到拒绝出现尴尬。

曹操用的马鞍被老鼠咬坏了，库吏十分害怕，因为曹操很迷信，如果他知道心爱的马鞍被老鼠咬了，一定认为不吉祥，定要治这个库吏的死罪。曹冲得知此事后，故意用锥子戳破了自己的单衣，然后到曹操面前故作愁容。曹操问他为何烦恼。曹冲说："人们常说，被老鼠咬破了衣服的主人大不吉祥，现在我的单衣被老鼠咬了，怎么办呢？"曹操忙劝慰说："这是无稽之谈，不用担心。"事后，曹冲就让库吏向曹操请罪，说马鞍不慎被老鼠咬了，曹操听了，只是一笑了之。曹冲了解曹操的秉性，揣测到库吏肯定会受责骂，所以他便假托自己的衣服被老鼠咬了，先试探一下曹操的反应，并借此消除其固有的迷信心理，这样库吏提出类似问题时，就免于受责罚。这样的试探，进退自如，不仅有效地避免了尴尬，还能免于受苦。

二、投石问路法

它与声东击西有些相似。如果你有具体想法，先提一个与自己本意相关的问题，请对方回答，如果从其答案中自己已经得出否定性的判断，那就不要再提出自己原定的要求想法，避免尴尬。比如，有个女青年买了块布料，拿回家后看到售货员找的钱不对。但是又没有把握是人家错了，于是她找了回去，问道："小姐，这种布多少钱一米？"对方回答后，她立即明白是自己算错了，说了句"谢谢"，离开了商店。所以，当自己拿不准的时候，不要武断地否定对方，最好使用投石问路法，先清楚事实再决定如何行动。

三、顺便提出法

顺便提出问题。以看似随意的方式提出问题，在很多情况下，实际上正是自己要说明的真正意图。比如小赵随同厂长去拜访一位有名望的书法家，在谈完正事之后，小赵乘机说："万老，我很喜欢您的字，如果您在百忙中能给我写一幅，那就太好了。"万老说："近来我身体不太好，以后再说吧！"在对方的否定答复面前，他一点也没有感到尴尬，但是已达到了试探的目的。

四、自我否定法

自己对所提问题拿不准，如果直截了当地提出来恐怕失言，造成尴尬，这时，就可以既提出问题，同时又自我否定来进行试探。这样，在自我否定的意见中就隐含了两种可供对方的选择，而对方的任何选择都不会使你感到不安。比如，有一位年轻作者在某刊物上发表了两篇小小说，可是收到相当于一篇的稿费，他想这一定是编辑部弄错了，可是又担心如果是自己弄错了，被顶回来那就太尴尬了。于是，他就这样说："编辑先生，我最近收了200元稿费，这一期刊登了我两篇稿子，不知是一篇还是两篇的稿费？如果是两篇的那就是我搞错了。"对方立即查了一下，抱歉地说是他们搞错了，当即给以补偿。他把两种可能同时提出，而且把自己的想法作为否定的意见提出。这样即使是自己出错，也因有言在先而不使自己难堪。

五、开玩笑法

有时还可以把本来应郑重其事提出的问题用开玩笑的口气说

出来，如果对方给以否定，便可把这个问题归结为开玩笑。这样既可达到试探的目的，又可在一笑之中化解尴尬，维护自己的尊严。

○ 探听虚实：知道底牌，有的放矢

每一个人都有自己的利益需求，这是他最为薄弱的地方，如果在说服别人时能够将和他息息相关的利害关系摆出来，使他明白怎样做对自己有害、怎样做对自己有利，说服他就不会存在什么问题了。

《孙子兵法》有句话很有名，叫作"知己知彼，百战不殆"。在说服人时，也要做到"知己知彼"。然而，"知己"容易，要"知彼"就要下点工夫了，关键是要摸清对方的底牌，也就是说要知道对方想要什么，才能够投其所好，从而说服他们。为什么你不能说服别人？那是因为你没有仔细研究对方，就急忙下结论，还以为"一眼看穿了别人"，当然会碰钉子了。

那么怎样才能够摸清对方的底牌呢？说服之前要多调查，多获得信息。只有多调查，多研究，才能够知道对方的真实想法。

美国人在与人交往时，尤其是在和对方谈判时，就很注意摸清对方的底牌。美国总统尼克松在一次访问日本的时候，基辛格作为美国国务卿同行。尼克松总统在参观日本京都的二条城时，曾询问日本的导游小姐大政奉还是哪一年？那导游小姐一时答不上来，基辛格立即从旁插嘴："1867年。"这点小事说明基辛格在访问日本前已深深了解和研究过日本的情况，阅读了大量有关资料以备不时之需。美国人在和人交谈前总要把情况了解清楚，不主张贸然行动。所以，他们的成功率较高，尤其是在谈判时。美国商人在任何商业谈判前都先做好周密的准备，广泛收集各种可能派上用场的资料，甚至包括对方的身世、嗜好和性格特点，使自己无论处在何种局面，均能从容不迫地应对。

在说服他人时，如果能够摸清他的底牌，就知道了他的需求，就会站在对方的立场，从关心、爱护他的角度出发，摆明他接受意见、停止行动的种种好处，对方就会愉快地接受说服。那么我们在调查时应该注意哪些方面呢？

一、了解对方的性格

不同性格的人，对接受他人意见的方式和敏感程度是不一样的。如：是性格急躁的人还是性格稳重的人；是自负又胸无点墨的人还是有真才实学又很谦虚的人。掌握了对方的性格，就可以按照他的性格特征，有针对性地说服。

二、了解对方的长处和兴趣

如有人擅长文艺，有人擅长语言，有人擅长交际，有人喜欢绘画，有人喜欢音乐，还有人喜欢下棋、集邮、书法、写作等，每个人都喜欢从事和谈论其最感兴趣的事物。在说服人的时候，要从对方的长处和兴趣入手。首先，能和他谈到一起去，打开他的"话匣子"，也使他容易理解，从而顺利开始你的说服；其次，能将他的长处和兴趣作为说服他的一个有利条件，如一个伶牙俐齿、善于交际的人，在分配他做销售任务时可以说："你在这方面比别人具有难得的才能，这是发挥你潜在能力的一个最好机会。"这样谈既有理有据，又能表明领导者对他的信任，还能引起他对新工作的兴趣。

在说服对方时，要运用交际技巧说服对方放弃固执、愚蠢、鲁莽、不智的举动，要把利害关系摆明，令对方心服口服。"天下熙熙，皆为利来；天下攘攘，皆为利往。"在说服他人时，你只要直陈利害，把利害关系给他摆明了，抓住对方切身利益的得失，找出双方的共同点，事情也就成功了。

在某剧场的门前不许卖瓜子、花生之类的小食品，怕的是污染环境，影响市容。可有一位年近六旬的老太太却非要破这个例。用剧场管理员的话说就是："这老太婆年岁大，嘴皮尖，不好对付，只好睁只眼闭只眼。"有一天，市里要组织检查卫生，剧场管理员小马要这位老太婆回避一下，说："老太太，快把摊子挪走，今天这里不许卖东西。"这老太太还是那副倚老卖老的样子："往天许卖，今天又不许卖，世道又变了吗？""世道没有变，今天检查团要来了。""检查团来了就不许卖东西？""检查团来了还许不许吃饭？""检查团来了，地面上不干净要罚款的。"小王加重了语气。"地面不干净关我什么事？"小王无言以对，只得把这位老太太往外赶，两个人就吵了起来。这时候，管理自行车的老刘师傅随后走了过来，对这位老太太说道："老嫂子，你这么一大把年纪，没早没晚的，能挣几个钱呀？检查团来了，真要罚你一笔，你还不是吃不了兜着走呀！再说，检查团不会天天来，饭可是要天天吃，生意可是要天天做啊。"老太婆一听，也有道理，边说边笑着把摊子挪走了。

两个人说服，为什么一个人失败了，而另一个却成功了呢？这其中的奥妙，就在于小马只是一味地讲抽象的大道理，却没有说出其中的利害关系。而老刘从老太婆的切身利益出发，向她指出了只考虑眼前而不顾长远的不良后果，使她真正认识到了自己固执行为的不明智，于是心服口服地接受了规劝，立马就离开了剧场门口。从老刘的方法中我们看到：成功的说服，是建立在为对方利益着想的基础上。设身处地的为对方设想，如果事先没有设想到对方会有哪些反应，就会遭到尴尬的窘境。所以必须站在对方立场上考虑，研究你与对方的差异究竟是什么？是否能够消除？每一个人都有自己的利益需求，这是他最为薄弱的地方，如果在说服别人时能够将和他息息相关的利害关系摆出来，使他明白怎样做对自己有害、怎样做对自己有利，说服他就不会存在什么问题了。

○ 绕弯子太累，言语要通俗易懂

太直白容易伤人，太委婉就会虚伪。要把握中间的一个度，让话语"曲径通幽，直入公堂"。

生活中，有一些人不易接近，就少不了捧场开道、遇水搭桥，有时候为了使对方减轻敌意，放松警惕，接受自己的请求，我们就要学会绕弯子、兜圈子，这样才能达到自己说话的目的。但是过度的兜圈子、绕弯子也是不可取的。

在实际工作中，我们时常也会碰到有一定难度的谈话，这就要求我们使用一定的沟通技巧。没有铺垫的"开门见山"是行不通的，过分兜圈子、绕弯子也是不可取的。

直话直说的人有好处也有坏处，好则"直"没有心机，坏则说话"太直"容易伤人心或得罪人，自己却不知道。把话说得太婉转的人，没有好坏，只是让人受不了，觉得无奈，且让人更加不知所措。

记者小贝一向给人精明能干的感觉，只是有个小缺点，就是说话爱兜圈子。

一天她如常向甲老板发问，问题一问长达几分钟，但甲老板听不明白究竟她要问什么，结果在一旁的乙老板用四个字，不用几秒钟就讲明了小贝的问题。在场的各位哭笑不得，只能对小贝露出无奈的表情，甲老板更是无言。

其实不管是哪种讲话方式，最重要的还是看场合和与你对话的对象。有时想为别人留余地而讲话婉转，有所保留，但当事人却不以为意，还以为你讲话啰嗦，不识大体，到头来你就多此一举了。

著名语言学家王力先生也曾说过兜圈子是一种说话的艺术，但兜圈子的说话方式也不是随便哪种场合都能用的。要正确运用这种艺术，首先要善于分辨言语交际的具体情况，做到当兜则兜，不当兜还是直说为好。言语交际中兜圈子主要有如下几种情况：

1. 顾及情面，有些话不便直说，可以兜。比如婆媳之间、恋人之间、两亲家之间、朋友之间、客户之间等情感都是需要慢慢建立的，基础欠牢固，交往中的双方都比较谨慎、敏感，言语中稍有差错，都会带来不快或产生误解、造成矛盾。

2. 出于礼仪，有些话不便直说，可以兜。中国是一个历史悠久的文明古国，素称"礼仪之邦"，具有文明礼貌的社交风尚。人们在言语交际中，十分注意话语的适切、得体。私人场合、知己朋友，说话可以直来直去，即使说错了，也无伤大雅。在公共场合，对一般关系的人，特别是晚辈对长辈，下级对上级，对待外宾，说话就要特别讲究方式、分寸。为了不失礼仪，说话就常需兜圈子。

3. 某种事情或某个意思直接挑明，估计对方一时难以接受，一旦对方明确表示不同意，再要改变态度，就困难多了。在这种情况下，为了强调事理，说服对方，就可以把基本观点、结论性的话先藏在一边，而从有关的事物、道理、情感兜起。待到事理通畅、明白，再稍加点拨，自能化难为易，达到说服对方的目的。

4. 直言不讳地表达。为什么大多数人常常会欲言又止、词不达意。也许是因为不想让人觉得自己要求得太多，也许是因为担心被人拒绝，很多人说话往往拐弯抹角、充满暗示，而不是直截了当、想什么就说什么。几乎在每种沟通技巧里，都会阐述这样的道理，那就是直言不讳。你不能指望别人猜想你的目的，或者领会你的暗示。还有，如果你吞吞吐吐、欲言又止，你等于让对方有机会回避争论，要逼对方直接回答。其实，应付断然的拒绝，比你想象的要容易得多。

兜圈子不是猜谜语、说隐语，它是曲径通幽，最终要让对方理解自己的意思，如果兜来兜去，把对方引入迷魂阵，这就不好了。

○ 让你的请求更有分量

让对方在一开始说"是，是的"。假如可能的话，最好让对方没有机会说"不"。这样你的请求将十分有分量，让人从一开始就无法拒绝你，无法拒绝意味着"答应"。中国有句格言最能反映这种智慧——以柔克刚。

早在两千多年前，古希腊哲学家就发明了一种改变他人态度、争取他人支持的方法，即避免对方说"不"字，而应当尽量让对方说"是"，通过一连串的"是"，把他的注意力吸引到自己的最终目标上来，从而让自己的请求更加有分量，让人无法拒绝，这种说话的艺术就是"苏格拉底问答法"。他的秘诀是什么？他指出别人的错处吗？当然不是。他问一些对方肯定会同意的问题，然后渐渐引导对方进入设定的方向。对方只好继续不断地回答"是"，不知不觉到最后已得到你设定的结论了。

美国有一个叫艾利森的推销员，把"苏格拉底问答法"运用到推销中去，结果获得了意外的成功。如有一次一位客户对他说："艾利森，我不能再向你订购发动机了！""为什么？"艾利森吃惊地问。"因为你们的发动机温度太高，我都不能用手去摸它们。"如果在以往，艾利森肯定要与客户争辩，但这一次，他打算改变方式。"是啊！我百分之百地同意你的看法，如果这些发动机温度太高，你当然不应该买它们，是吗？"

"是的。""全国电器制造商规定，合格的发动机可以比室内温度高 72 华氏度，对吗？"

"是的，那完全正确，不过你们的发动机热过头了。"艾利森并没有辩解，只是轻描淡写地问了一句："车间的温度有多高？""大约 75 华氏度。"这位客户回答。

"那么，如果车间温度是 75 华氏度，再加上发动机的 72 华氏度，总度数是 147 华氏度，如果你把手伸到 147 华氏度的热水龙头下，你的手不会被烫伤吗？""我想你是对的。"过了一会儿，他把秘书叫来订购了大约 7.5 万美元的发动机。

当你向别人请求的时候，不要先讨论你不同意的事，要先强调、不停地强调你所同意的事。因为你们都在为同一结论而努力，所以你们的相异之处只在方法，而不是目的。

让对方在一开始说"是，是的"。假如可能的话，最好让对方没有机会说"不"。"不"的反应是最难克服的障碍，当你说了一个"不"字之后，你那自尊就会迫使你继续坚持下去，虽然以后也许发现这样的回答有待考虑。但是，你的自尊往哪里摆呀？

一旦说了"不"，就发现自己很难摆脱。所以，如何让对方一开始就朝着肯定的方向作出反应，这就看你的说服能力了。懂得说服技巧的人，会在一开始就得到许多"是"的答复，这可以引导对方进入肯定的方向，就像撞球一样，原先你的是一个方向，只要稍有偏差，等球碰回来的时候，就完全与你期待的方向相反了。

"是"的反应其实是一种简单的技巧，却为大多数人所忽略。也许有些人认为，在开始便提出相反的意见，这样不正好可以显示出自己的重要吗？但事实并非如此，在现实生活中，这种"是"的反应的技巧很有用处。

○ "光圈效应"让你平地升值

为什么知名人士的评价或权威机关的数据会使人不由自主地产生信任感？为什么那些迷信权威的人，即使觉得没有什么值得借鉴之处或者有许多疑问，但只要是权威部门或权威人士的话就会全盘接受？

在美国的金融中心华尔街，一位商学院的学生在办公室的墙中央挂着美国石油大王洛克菲勒的照片——虽然他从来没有见过这位石油大王。照片使人联想到，他与石油大王也许有密切关系；更有人认为，他是一位知道经济界秘密情报的消息灵通人士。这位学生利用人们的心理错觉，将计就计，与很多大富翁交往。在他们的帮助下，他的生意十分顺利。

这就是"光圈效应"的表现，它是一种影响人际知觉的因素。一个人的某种品质或一个物品的某种特性如果给人印象深刻，就会影响人们对这个人的其他品质或这个物品的其他特性——所谓的"爱屋及乌""情人眼中出西施"就是这个道理，从而造成了"好者越好，差者越差"的局面。

美国学者罗伯特·西奥迪尼在他的营销学著作《影响力》一书中指出：人们通常会下意识地把一些正面的品质加到外表漂亮的人头上，像聪明、善良、诚实、机智等，虽然它们与这个人其实并无直接的联系。

"光圈效应"最明显的就是体现在权威的作用上。由于人们在心理上对权威的认识能力有限，但崇拜的心理十分强烈，为什么知名人士的评价或权威机关的数据会使人不由自主地产生信任感？为什么那些迷信权威的人，即使觉得没有什么值得借鉴之处或者有许多疑问，但只要是权威部门或权威人士的话就会全盘接受？

航海家麦哲伦之所以能够成功地获得西班牙国王卡洛尔罗斯的帮助，就是利用了"光圈效应"。当时，自哥伦布航海成功以来，许多投机者或骗子为求得资助频频出入王宫。麦哲伦为表明自己与这些人不同，在觐见国王时特地邀请了著名的地理学家路易·帕雷伊洛同往。帕雷伊洛将地球仪摆在国王面前，历数麦哲伦航海的必要性及种种好处，说服卡洛尔罗斯国王颁发航海许可证。但在麦哲伦等人结束航海后，人们发现他对世界地理的错误认识及他所计算的经度和纬度的诸多偏差。可见，卡洛尔罗斯国王只是因为那是"专家的建议"，就认定帕雷伊洛的说服值得信赖。

可见巧妙地利用"光圈效应"，可以成功地达到说服对方的目的。大多数人只要一听到是"权威"，就会放弃自己的主张或信念，转而去迎合权威的说法。在报纸杂志的书评中，若有知名的权威人士鉴赏某一本书，多数人也会肯定这是一本好书。也许这本书出自一位默默无闻的年轻作家之手，但只要一经著名人士推荐，该书必定畅销。凡此皆属于一种错觉，人们常会在无意之中，将被推荐的书与推荐者的权威混为一谈。这种心态在日常生活中往往会渗透到人的心中。例如电视广告或是宣传海报，往往会利用名人的权威，这是在应用心理学的原理。譬如公司的小职员所说的话，很少会为上司所采用，但若能引用"曾经得过诺贝尔奖的 A 博士说过……"，上司则必定加以考虑。这是因为引用了名人的话加重了自己说话的分量。在现实生活中，"光圈效应"随处可见。热恋中的姑娘和小伙子，受"光圈效应"的影响，双方就会被理想化——姑娘变成了人间的仙女，小伙子变成了白马王子。此时，双方都变得完美无暇，一切缺点都变成了优点：脸色苍白称"洁白无暇"，纤细瘦弱称"苗条均称"，身体肥胖称"丰满健壮"，脸上黑痣称"美人痣"。难怪莎士比亚曾发出这样的感叹："恋人和诗人都是满脑子的想象。"

在社会上还通常会流行这样的话："据一流大学某某某教授

说""据世界公认的最具权威的某某学术杂志称"。难怪有推销员在发展会员时往往会说:"著名的某某、某某也加入了我们的俱乐部。"所以,具有说服技巧的人,便会经常引用名人名言或著作来证实自己所言的价值。

我们不难发现,拍广告片的多数是那些有名的歌星、影星,而很少见到那些名不见经传的小人物,因为明星推出的商品更容易得到大家的认同。一个作家一旦出名,以前压在箱子底的稿件全然不愁发表,所有著作都不愁销售,这都是"光圈效应"的作用。你如何能够说服别人?企业怎样才能让自己的产品为大众所了解并接受?一条捷径就是让企业的形象或产品与名人相粘连,让名人为公司作宣传。这样,就能借助名人的"名气"帮助企业聚集更旺的人气。要做到人们一想起企业的产品就想到与之相连的名人。

人的感情倾向是很主观的,也是很武断的,它会毫不犹豫地牵引着你去着重认识事物的某个符合自己感情状态的侧面,并加以印证、放大。同样,对于那些与自己既定感情不相符合的方面,则会采取回避、虚化。这样就出现了"一叶障目,不见泰山"的现象。所以,为了增强你的说服效果,提高说服力,你就需要向推销员那样,善于利用"光圈效应",来使自己平地升值,从而产生意想不到的结果。

○ 抛出实在利益，没有人能够拒绝你

人们任凭你口头狂轰滥炸，都无动于衷，那是因为语言的诱惑等于"口说无凭"，而当利益"眼见为实"地摆上台面，相信很多人就会把持不住了。

在生活中，人们常用晓之以理、动之以情的方法来说服他人。但事实证明，有时情不一定能打动人，理也不一定能说服人。此时，就要想到以利服人——对方之所以不服，无非是为了某种利益，只要将其中的利益说开了，对方的心理防线也就很容易松弛了。

齐国孟尝君田文，又称薛公，用齐来为韩、魏攻打楚，又为韩、魏攻打秦，而向西周借兵求粮。韩庆（韩人但在西周做官）为了西周的利益对薛公说："您拿齐国为韩、魏攻楚，五年才攻取宛和叶以北地区，增强了韩、魏的势力。如今又联合攻秦，又增加了韩、魏的强势。韩、魏两国南边没有对楚国侵略的担忧，西边没有对秦国的恐惧，这样，辽阔的两国愈加显得重要和尊贵，而齐国却因此显得轻贱了。犹如树木的树根和枝梢更迭盛衰，事物的强弱也会因时而变化，臣私下替齐国感到不安。您莫如使敝国西周暗中与秦和好，而您不要真的攻秦，也不必要向敝国借兵求粮。您兵临函谷关而不要进攻，让敝国把您的意图对秦王说：'薛公肯定不会破秦来扩大韩、魏，他之所以进兵，是企图让楚国割让东国给齐。'这样，秦王将会放回楚怀王来与齐保持和好关系（当时楚怀王被秦昭公以会盟名义骗入秦地，并被扣押），秦

国得以不被攻击，而拿楚的东国使自己免除灾难，肯定会愿意去做。楚王得以归国，必定感激齐国，齐得到楚国的东国而愈发强大，而薛公地盘也就世世代代没有忧患了。秦国解除三国兵患，处于三晋（韩、赵、魏）的西邻，三晋也必来尊事齐国。"

薛公说："很好。"因而派遣韩庆入秦，使三国停止攻秦，从而让齐国不向西周来借兵求粮。

韩庆游说的根本和最初目的就是让齐国打消向西周借兵求粮的念头。他的聪明之处是没有直接说出这个目的，而是以为齐国的利益着想、为齐国的前途考虑为出发点，在为齐国谋划过程中，自然地达成了自己的目的。所以在说服他人时一定要以对方为出发点，要让他明白各种利害关系、挑明他的利益所在，然后再关联到自己的目的和利益。

下面介绍几种以利益说服他人的技巧：

一、直陈后果，以利制人

此方法，就是直接告知被说服者，不接受说服，就会失去某种"利"，从而以一种强制性和不可抗拒性使对方接受。

丁某在一机关单位上班，由于他自视有靠山，常常置单位规章制度于不顾，迟到、旷工、上班时间吵闹等恶习不改，影响极其恶劣。为此，好几任机关领导虽然都曾找丁某苦口婆心地谈过话，但都因方法不当或力度不够而没有解决——情与理的说服遇到了阻碍。新领导上任，直接找到丁某办公室，当着众人的面警告："我已经宣布了单位新的规章制度，甭管是谁，如果违反，丑话说前头，我就先'烂掉'这根出头的'椽子'——咱们单位人满为患，需要精简人员。我说得出，也能办得到，不信就试一试！"丁某从没听过这么坚定有力的"威胁"话语，哪里敢再试？结果，新领导没有讲什么道理，就根除了丁某的恶习。其解决的关键就是"利益"发挥了作用——谁也不想丢掉自己的饭碗。

二、对比利害，以利喻人

直陈后果固然可以强制人服从，但它只适用于那些比较顽固不化的人身上，对于大多数人来说，还是要通过使其心服来主动听从说服者的意见。这就需要说服者从"利""害"两个方面阐明利弊得失，通过利与害的对比，清楚明白地分析出何为轻何为重，向被说服者指出如何做更有利，更易于被说服者接受合理的意见和主张。

有一个人很不满意自己的工作，他愤愤地对朋友说："我的领导一点也不把我放在眼里，改天我要对他拍桌子，然后辞职不干。"他的朋友不希望他辞职，就问："你对那家贸易公司完全弄清楚了吗？对他们做国际贸易的窍门完全搞通了吗？"他回答："没有！"他的朋友建议说："君子报仇十年不晚，我建议你好好地把他们的一切贸易技巧、商务文书和公司组织完全搞通，然后再辞职不干。你用他们的公司做免费学习的地方，什么东西都通了之后，再一走了之，不是既出了气，又有许多收获吗？"由于他的朋友从分析"现在就辞职的利弊得失"入手，从维护他的利益出发，进行分析，提出建议，最终那人听从了朋友的建议。

三、结合情理，以利动人

有时候，单纯的"利"难免给人以贪利庸俗之嫌，最好是在对被说服者利益尊重和认同的基础上，将利与理、情有机结合起来论事说理、条陈利害。

著名体操运动员李宁，在"退役"时面临很多的选择：广西体委副主任职位；年薪百万美元的外国国家队教练；演艺界力邀李宁加盟，那是明星偶像之路；健力宝公司也有招募之意。李宁举棋未定。健力宝公司总裁李经纬再次面见李宁，他先谈起一个美国运动员"退役"后替一家鞋业公司做广告，赚钱后自己搞公司，用自己的名字命名公司和鞋的牌子，成功得很，引起李宁若有所思。然后从李宁想办体操学校的理想入手，分析说："要是你想靠国家拨款资助，不是不可以，但许多事情不好解决。与其向国家伸手，不如自己闯条路子。所以我认为你最好先搞实业，就搞李宁牌运动服吧。赚了钱，有经济实力，莫说你想办一所体操学校，就是办十所也不成问题。"这番话使李宁的心为之一动。见时机已经成熟，李经纬提出："请你考虑一下，是不是到健力宝来？我相信只要我们携手合作，绝对不会是 1＋1=2 这样简单的算术。从另一个角度说，就目前，恐怕也只有健力宝能帮助你实现这个理想。我那时创业，走了不少弯路，你应该也不至于从零开始吧，那实在太难。你到健力宝来，我们是基于友情而合作，健力宝也需要你这样的人。"面对李经纬的热情、诚恳和一次极好的发展机会，李宁终于决定到健力宝去。

　　李经纬说服李宁时，突出地表现了对李宁切身利益的关注，论证了李宁到健力宝公司的有利性，同时又充分表现了朋友般的拳拳之情，非常有人情味，从而打动了李宁，也实现了自己的说服目的。

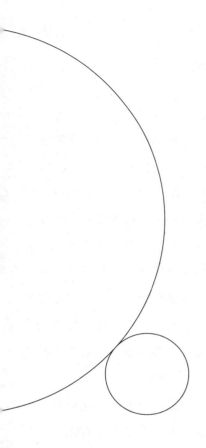

第九章

活用心理博弈，
让步也可能最后赢全局

○ 为什么"和事佬"最能签下单

"和事佬"最能签下单，是因为他能赢得顾客的心。营销学里有句话说，顾客永远是对的。这正是"和事佬"成功签单所依赖的观念和态度。产品和服务的质量会影响顾客的签单决定，但最终决定顾客签单的是顾客的观念和营销者对顾客观念的认同。

事实上，"和事佬"的态度和行为符合企业营销活动以顾客为中心，以消费者需求作为营销出发点的观点。作为经营者，必须时刻牢记"顾客永远是正确的"这条黄金法则。"和事佬"不是去与顾客的陈旧甚至错误观念做斗争，而是理解和认同顾客的观念，因为他们知道，改变顾客的观念远比理解和接受顾客的观念要难。中国营销大师史玉柱就曾说过，不要试图去改变消费者的观念，因为改变一个人的观念简直比登天还难。

一般人乍听起来，似乎颇感"顾客永远是正确的"这句话太绝对了。"金无足赤，人无完人"，顾客不对的地方多着呢。但从本质上理解，它隐含的意思是"顾客的需要就是企业的奋斗目标"。在处理与顾客的关系时，企业应站在顾客的立场上，想顾客之所想，急顾客之所急，并能虚心接受或听取顾客的意见或建议，对自己的产品或服务提出更高的要求，以更好地满足顾客所需。事实上顾客的利益和企业自身的利益是一致的，企业越能满足顾客的利益，就越能拥有顾客，从而更能发展自己。

但顾客与企业并非没有矛盾，特别是当企业与顾客发生冲突时，这条法则更应显灵，更需遵守。当顾客确实受到损害，比如买到低质高价假冒伪劣商品，遇到服务不够周到，甚至花钱买气受，违反消费者利益等情况。此时，即使顾客采取了粗暴无礼的态度，或者向上申诉，都是无可非议的；当顾客利益并未受到损害，但顾客自身情绪不好，工作或生活遇到不顺心的事，抑或顾客故意寻衅闹事，此时，企业当事人应体谅顾客之心，给与耐心合理的解释，晓之以理，动之以情，导之以行，做到有理有节，既忍辱负重又坚持原则，一般情况下，顾客是会"报之以李"的。

○ 谈判里的"斗鸡博弈"

"斗鸡博弈"是英文 Chicken Game 的意译，是一种僵局，如不能变通，只能意味着要有一场你死我活的厮杀，最终两败俱伤。一种比较明智的做法是通过给予一方补偿以让他退让来打破僵局。当然，这要求双方都充分地换位思考，克服贪婪。

两只公鸡狭路相逢，即将展开一场厮杀。结果有四种可能：两只公鸡对峙，谁也不让谁，或者两者相斗。这两种可能性的结局一样——两败俱伤，这是谁也不愿意的。另两种可能是一退一进，但退者有损失、丢面子或消耗体力，谁退谁进呢？双方都不愿退，也知道对方不愿退。在这样的博弈中，要想取胜，就要在气势上压倒对方，至少要显示出破釜沉舟、背水一战的决心来，以迫使对方退却。但到最后的关键时刻，必有一方要退下来，除非真正抱定鱼死网破的决心。但把自己放在对方的位置上考虑，如果进的一方给予退的一方以补偿，只要这种补偿与损失相当，就会有愿意退者。

这类博弈不胜枚举。如两人反向过同一独木桥，一般来说，必有一人选择后退。在该种博弈中，非理性、非理智的形象塑造往往是一种可选择的策略运用。如那种看上去不把自己的生命当回事的人，或者看上去有点醉醺醺、傻乎乎的人，往往能逼退独木桥上的另一人。还有夫妻争吵也常常是一个"斗鸡博弈"，吵到最后，一般地，总有一方对于对方的唠叨、责骂退让，或者干脆妻子回娘家去冷却怒火。

"斗鸡博弈"强调的是，如何在博弈中采用妥协的方式取得利益。如果双方都换位思考，它们可以就补偿进行谈判，最后达成以补偿换退让的协议，问题就解决了。博弈中经常有妥协，双方能换位思考就可以较容易地达成协议。考虑自己得到多少补偿才愿意退，并用自己的想法来理解对方。只从自己立场出发考虑问题，不愿退，又不想给对方一定的补偿，僵局就难以打破。

1985 年，在美国彼得斯堡的一家美式足球俱乐部里，发生了一场很有意思的球员薪水谈判。

球员弗兰克的代理人正在和球队老板谈判。此前，弗兰克在该球队每年能够拿到 38.5 万美元。一开始，事情进展得非常顺利。代理人要求 1985 年弗兰克的年薪要达到 52.5 万美元，老板同意了；接着代理人要求这笔年薪必须被保证，老板也同意了；然后代理人要求 1986 年弗兰克的年薪要到 62.5 万美元,老板思考后同意了；再接着代理人要求这笔年薪也必须被保证，这下老板不干了，并且否定了之前谈妥的所有条件。谈判彻底崩溃，弗兰克最后到西雅图的一个球队，年薪只有 8.5 万美元。

在这个谈判过程中，哪里不对劲了呢？代理人显得太过贪婪，并且在一次谈判中不断更新自己的要求。而真正的关键在于，谈判是一个战略性沟通的过程，这也是罗仁德对谈判的定义。你必须很好地管理谈判过程，在任何一次谈判中，你都不能只关注所谈的内容，而忽略对方在谈判之前已经有的正确答案，但是事实上，在谈判结束之前，并不存在正确的答案。因此，你需要花更多的时间来制定谈判战略。

妥协是实现谈判目的的最终手段！被称为"全世界最佳谈判手"的霍伯·柯恩曾经说过："为了实现谈判的目的，谈判者必须学会以容忍的风格、妥协的态度，坚韧地面对一切。"

有的谈判者在谈判过程中一再后退，连连让步，即使这样也未必能获得对方的好感，更别指望赢得谈判。经验丰富的谈判者都知道，为了达到自己预期的目的和效果，必须把握好让步的尺度和时机，至于如何把握，只能凭谈判者的机智、经验和直觉处理了，但这并不等于说谈判中的让步是随心所欲、无法运筹和把握的。

一、一次到位让步

在谈判的前一阶段，谈判一方一直很坚决地不作出任何让步，但到了谈判后期却一次作出最大的让步。这种让步是对那些锲而不舍的谈判对手作出的。如果遇到的是一个比较软弱的谈判对手，可能他早就放弃讨价还价而妥协了，而一个坚强的谈判对手则会坚持不懈，不达目的决不罢休，继续迫使对方作出让步，他会先试探情况，最后争取最高让步。在这种谈判中，双方都要冒因立场过于坚决而出现僵局的危险。

二、坦诚以待让步

即在让步阶段的一开始就全部让出可让利益，而在随后的阶段里无可再让。这种让步策略坦诚相见，比较容易使得对方采取同样的回报行动来促成交易成功。同时，率先作出大幅度让步会给对方以合作感、信任感。直截了当地一步让利也有益于速战速决，降低谈判成本，提高谈判效率。

三、逐步让步

这是一种逐步让出可让之利并在适当时候果断停止让步，从而尽可能最大限度获得利益的策略。这种让步策略在具体操作时又有不同的形式：等额让步、小幅度递减让步、中等幅度递减让步、递增让步和大幅度让步等。

战国时期思想家庄子曾说过，斗鸡的最高状态就是好像木鸡一样，面对对手毫无反应，可以吓退对手，也可以麻痹对手。这句话里就包含着斗鸡博弈的基本原则，就是让对手错误地估计双方的力量对比，从而产生错误的期望，再以自己的实力战胜对手。

谈判可以说是一种像跳舞一样的艺术。这种艺术的成功并不是消灭冲突，而是如何有效地解决冲突。因为每个人都生活在一个充满冲突的世界里，这就需要博弈的运用，如果你能运用博弈，那么你就会在这场谈判中成为一个真正的成功者。

○ 让对方感觉自己胜券在握

在谈判桌上必须时时充满自信，有自信才能赢得谈判。只有在气势上压倒对方，然后又动之以情，采用一些虚实结合的招式，你才能轻而易举地掌控一场谈判。

人在谈判场上，必须掌握以下四个谈判技巧。

一、心怀豪气压倒人

谈判席上，抖擞的精神面貌至关重要。如果在谦虚的言谈举止间，流露出一股冲天的豪气，其勇气和胆魄，就会击倒对方的心理防线。而谦卑只会被视为无能，对方就会高高在上，接下来的情形，你将会节节败退。

张先生是某进出口公司销售经理，在一次与日本商人的谈判中，张先生慷慨地陈述了公司的产品及销售状况，并强调该产品在美国十分畅销。精明的日本商人被张先生这番话深深触动。一改"试试看"的心情，很快进入十分严肃的、正式的谈判主题。

二、虚实招式迷惑人

谈判有时会进入"马拉松式"的状态，迟迟不能达成协议。这时，要在洞悉对方的弱点和了解对方的底细后，步步紧逼，软硬兼施，刚柔相济，抛出利益相诱。

某文化公司的老总与国外的一家广告公司洽谈合作业务，对方不紧不慢，签合同的日子推了又推。文化公司的老总忍无可忍，透露出另一家广告公司也急于合作的消息，并开始玩"失踪"。欲耍太极的广告公司见玩出了火，好说歹说，匆匆签完合同，急急收场，以免夜长梦多。

三、真心相许感动人

在谈判中，存在着这么一些人，只顾漫天要价，毫不理会对方的感受，妄想一口吃成个胖子，把对方当成"咸水鱼"。这样只会令对方非常反感，有气度的对手虽然不表露，但却是铁定了心，绝不能与这种人合作。所以，要为对方设身处地想一想，不妨诚心一点，从关心对方的角度出发，以俘虏对方的心。

何经理在一个公司负责项目研究，项目出来后，他给研究人员开了个恰当的价，并且诚恳地告诉对方："我知道这个价格达不到你的期望，但请理解我现在只能开出这个价格，因为公司正处在起步阶段，资金比较紧张。我向你承诺，等公司发展起来，咱们以后的合作我将给出更让你满意的价格。"

何经理既设身处地地体会到别人的切实感受，又开诚布公地表明了自己的真实状况。正是这种感动人心的真情流露增加了其成交的筹码。

四、因人而异决定报价

一般情况下，如果你准备充分了，而且还知己知彼，就一定要争取先报价；如果你不是谈判高手，而对方是，那么你就要沉住气，不要先报价，要从对方的报价中获取信息，及时修正自己的想法；但是，如果你的谈判对手是个外行，那么，不管你是"内行"还是"外行"，你都要争取先报价，力争牵制、诱导对方。自由市场上的老练商贩，大都深谙此道。

当顾客是一个精明的家庭主妇时，他们就采取先报价的策略，准备着对方来压价；当顾客是个毛手毛脚的小伙子时，他们大部分都是先问对方"给多少"，因为对方有可能会报出一个比商贩的期望值还要高的价格，如果先报价的话，就会失去这个机会。

○ 学会见好就收

贪婪是人性的大敌，每个人都要学会见好就收。

我国古人虽然没有明确提出"斗鸡博弈"一类的名词，但其原理在我国古代历史上早已经得到很好的应用了。

春秋时，楚国一直是南方的强国，公元前659年楚国出兵郑国。齐桓公与管仲约诸侯共同救郑抗楚。齐国和鲁、宋、陈、卫、郑、许、曹等国组成联军南下，直指楚国。楚国在大军压境的形势下，派使臣屈完出来谈判。

屈完见到齐桓公就问："你们住在北海，我们住在南海，相隔千里，任何事情都不相干涉。这次你们到我们这里来，不知是为了什么？"管仲在齐桓公身旁，听了之后就替齐桓公答道："从前召康公奉了周王的命令，曾对我们的祖先太公说过，五等侯九级伯，如不守法你们都可以去征讨。东到海，西到河，南到穆陵，北到无隶，都在你们征讨范围内。现在楚国不向周王进贡用于祭祀的滤酒的包茅，公然违反王礼。还有前些年昭王南征途中遇难，这事也与你们有关。我们现在兴师来到这里，正是为了问罪于你们。"屈完回答说："多年没有进贡包茅，确实是我们的过错。至于昭王南征未回是因为船沉没在汉水中，你们去向汉水问罪好了。"

齐桓公为了炫耀兵力，就请屈完来到军中与他同车观看军队。齐桓公指着军队对屈完说："这样的军队去打仗，什么样的敌人能抵抗得了？这样的军队去夹攻城寨，什么样的城寨攻克不下呢？"屈完不卑不亢地回答说："国君，你如果用仁德来安抚天下诸侯，谁敢不服从呢？如果只凭武力，那么我们楚国可以把方城山当城，把汉水当池，城这么高，池这么深，你的兵再勇猛恐怕也无济于事。"齐桓公和管仲本也无意打仗，只是想通过这次军事行动来增强自己的号召力罢了。所以他们很快就同意与楚国和解，将军队撤到召陵。

一个明智的博弈者无论是面对怎样的对手，在开始行动之前必须牢牢记住这样一个原则——见好就收。但仅此还不够，一个既明智又老到的博弈者事先必须估计到最坏的博弈结果，更高地警戒自己，更要遵循遇败即退的原则，以保存实力。斗鸡场上逼使对手让步可能会给人带来无比的愉悦和刺激，但是强中更有强中手，千万别把它当作永久的法宝。

○ 让老板加薪的博弈

哪一方前进，不是由"两只斗鸡"的主观愿望决定的，而是由双方的实力预测所决定的。当两方都无法完全预测对手实力的强弱时，那就只能通过试探才能知道。而在试探的时候，既要有分寸，更要有勇气。

两只实力相当的斗鸡，如果它们双方都选择前进，那就只能是两败俱伤。在对抗条件下的动态博弈中，双方可以通过彼此提出要求，找到都能够接受的解决方案，而不至于因为各自追求自我利益而僵持不下，甚至两败俱伤。但是这种优势策略的选择，并不是一开始就能作出的，而是要通过反复的试探，甚至是激烈的争斗后才能实现。

如果你是一位职场人士，那么你与老板之间所进行的最为惊心动魄的博弈，一定是围绕薪水进行的。一方要让收入更适合自己的付出，而另一方则要让支出更适合自己的盈利目标。

首先，作为员工，如果想要让老板给你加薪，那么就必须主动提出来。你不提，不管用什么博弈招数都没用。

在向老板要求加薪时，除了把加薪的理由一条一条摆出来，详细说明你为公司做了什么贡献而应该提高报酬之外，最重要的应该是确定自己提出的加薪数额。你提出的数额，应该超过你自己觉得应该得到的数额。注意关键是"超过"。鉴于与老板之间的地位不平等，这就需要勇气，事先一定要对着镜子，好好练习一下怎么提出这个"超过"的数额。这样见了老板就不会欲言又止、吞吞吐吐了。

一般人请老板加薪，提的数额都不多，但是这种低数额的要求对自身有害无益。提的数额越低，在老板眼里的身价也就越低，这大概是人性的怪诞之处吧。标价过低的东西，比标价过高的东西更容易把买主吓跑。反过来，如果提的数额合理而且略高一些，会促使老板重新考虑你的价值，对你的工作和贡献作出更公正的评价。你就是得不到要求的数额，老板也可能对你更好，比如会改变你的工作条件等。他改变了看你的视角，了解得更清楚，所以会对你刮目相看。

你如果不在乎别人小看，就别要求加薪，就是要求也是很小的幅度。那样，你会发现分配的工作最苦最累，办公条件最差，工作时间最长。总之，你要是不重视自己，也别指望老板会看重你。要求的数额低，就是小看自己。

其实，在你与老板之间形成的博弈对局中，老板会综合对你的能力和价值有所了解，判断出该给你加薪的幅度，并以此作为讨价还价的依据。如果你的理由充分，又有事实根据，可能跟老板对你的看法有出入，发生心理学的所谓"认知不一致"。老板会设法协调一下这种不一致。但是，如果你不把这种"认知不一致"暴露出来，在加薪的对局中你就会处于下风，因为他一直抱着成见。你提供了不同的看法，就迫使他重新评价你，以新的眼光看待你，最后达成有利于你的和解的可能性反而更高。

这是"斗鸡博弈"中如何在避免两败俱伤的前提下为自己争取利益的智慧，正如本节开头所说的，在需要勇气的同时，更需要揣摩与试探的策略。

○ 商务谈判的说话要诀

成功的商务谈判都是谈判双方出色运用语言艺术的结果。

商务谈判是在经济活动中，谈判双方通过协商来确定与交换各种有关的条件的一项必不可少的活动，它可以促进双方达成协议，是双方洽谈的一项重要环节。商务谈判是人们相互调整利益，减少分歧，并最终确立共同利益的行为过程。如果谈判的技巧不合适，不但会使双方发生冲突导致贸易失败，更会造成经济上的损失。而商务谈判的过程就是谈判者语言交流的过程。语言在商务谈判中犹如桥梁，占有重要的地位，它往往决定了谈判的成败。商务谈判中除了在语言上要注意文明用语、口齿清楚、语句通顺和流畅大方等一般要求外，还应掌握一定的语言表达艺术。语言的艺术表达有优雅、生动、活泼、富有感染力等特点，在商务谈判中起到了不可估量的作用。因此在商务谈判中谈判双方应出色运用语言艺术及技巧。

一、针对性

在商务谈判中，双方各自的语言，都是表达自己的愿望和要求的，因此谈判语言的针对性要强，要做到有的放矢。模糊、啰嗦的语言，会使对方疑惑、反感，降低己方威信，成为谈判的障碍。

针对不同的商品，谈判内容、谈判场合、谈判对手要有针对性地使用语言，才能保证谈判的成功。例如：对脾气急躁，性格直爽的谈判对手，运用简短明快的语言可能受欢迎；对慢条斯理的对手，则采用春风化雨般的倾心长谈可能效果更好。在谈判中，要充分考虑谈判对手的性格、情绪、习惯、文化以及需求状况的差异，恰当地使用针对性的语言。

二、表达方式委婉

谈判中应当尽量使用委婉语言，这样易于被对方接受。比如，在否决对方要求时，可以这样说："您说的有一定道理，但实际情况稍微有些出入。"然后再不露痕迹地提出自己的观点。这样做既不会损伤对方的面子，又可以让对方心平气和地认真倾听自己的意见。

其实，谈判高手往往努力把自己的意见用委婉的方式伪装成对方的见解，提高说服力。在自己的意见提出之前，先问对方如何解决问题。当对方提出以后，若和自己的意见一致，要让对方相信这是他自己的观点。在这种情况下，谈判对手有被尊重的感觉，他就会认为反对这个方案就是反对他自己，因而容易达成一致，获得谈判成功。

三、灵活应变

谈判形势的变化是难以预料的，往往会遇到一些意想不到的尴尬事情，这要求谈判者具有灵活的语言应变能力，与应急手段相联系，巧妙地摆脱困境。当遇到对手逼你立即做出选择时，你若是说"让我想一想""暂时很难决定"之类的语言，便会被对方认为缺乏主见，自己从而在心理上处于劣势。此时你可以看看表，然后有礼貌地告诉对方："真对不起，9点钟了，我得出去一下，与一个约定的朋友通电话，请稍等五分钟。"于是，你便很得体地赢得了五分钟的思考时间。

四、恰当地使用肢体语言

商务谈判中，谈判者通过姿势、手势、眼神、表情等非发音器官来表达的无声语言，往往在谈判过程中发挥重要的作用。在有些特殊环境里，有时需要沉默，恰到好处的沉默可以取得意想不到的良好效果。

要实现良好的谈判效果，语言用词要准确、巧妙、有艺术性。下面举几个例子进行分析一下：

1. 不要说"但是"，而要说"而且"

你很赞成一位同事的想法，你可能会说："这个想法很好，但是你必须……"这样子一说，这种认可就大打折扣了。你完全可以说出一个比较具体的希望来表达你的赞赏和建议，比如说："我觉得这个建议很好，而且，如果在这里再稍微改动一下的话，也许会更好……"

2. 不要说"首先"，而要说"已经"

你要向老板汇报一项工程的进展情况，你跟老板说："我必须得首先熟悉一下这项工作。"想想看吧，这样的话可能会使老板（包括你自己）觉得，你还有很多事需要做，却绝不会觉得你已经做完了一些事情。这样的讲话态度会给人一种悲观的而绝不是乐观的感觉，所以建议你最好是这样说："是的，我已经相当熟悉这项工作了。"

3. 不要说"错"，而要说"不对"

一位同事不小心把一项工作计划浸上了水，正在向客户道歉。你当然知道，他犯了错误，惹恼了客户，于是你对他说："这件事情是你的错，你必须承担责任。"这样一来，只会引起对方的厌烦心理。你的目的是调和双方的矛盾，避免发生争端。所以，把你的否定态度表达得委婉一些，实事求是地说明你的理由。比如说："你这样做的确是有不对的地方，你最好能够为此承担责任。"

4. 不要说"几点左右"，而要说"几点整"

在和一个重要的生意上的伙伴通电话时，你对他说："我在这周末左右再给您打一次电话。"这就给人一种印象，觉得你并不想立刻拍板，甚至是更糟糕的印象——别人会觉得你的工作态度并不可靠。最好是说："明天 11 点整我再打电话给您。"

○ 不要把谈判逼到死角

谈判毕竟是合作，是为彼此共赢创造条件，因而在一定的范围内也得让步，让对手有利可图。

第一，事前充分准备是谈判成功的先决条件。千方百计尽可能搜集对方的资料和信息，全面立体掌握情报，组织顾问团队深入分析，客观判断，"知己知彼，百战不殆"。

有针对性地拟定上、中、下三套谈判方案，既相对独立，又能相互组合搭配，以适应谈判中的变化。从最坏处着眼，往最好处努力。

谈判团队应做到风格各异、优势互补。凌厉地打前锋，稳重地做后卫；既有唱黑脸的，又有唱红脸的。前后搭配、黑红组合。谈判之前一定要统一思想；谈判过程中必须统一指挥，步调一致，密切配合；结束之后及时整理归纳总结提高。

第二，尊重对手是取得竞争共赢的重要因素。"和气生财"、"诚信为本"是中华民族的传统经营理念。天下皆朋友，没有永久的敌人。在交通便捷、信息高速传播的今天，上午的对手下午或更短的时间内就有可能变成朋友，同时谈判两个项目都有可能既是对手又是朋友，人与人的关系因为生意相互交叉，错综复杂。

不要把对手当弱智，人的智力相差无几。不要忽视谈判对手中的任何一个人，每一个人都应得到应有的尊重，最不重要的角色不仅可能影响本次谈判结果而且将来都有可能变成主要角色，注意不要把谈判对手培养成潜在敌人。

不要想一口吃成胖子，欲速则不达。给谈判对手预留一定的利润或生存空间。亦要经常换位思考，替对手着想，立足竞争共赢。即使最具竞争性的谈判也需要一定的合作。

不到万不得已不置对手于绝境。对手破产了，没路可走时很可能破釜沉舟，鱼死网破，最后导致两败俱伤。逼对手走上绝路是最不明智的选择，最终自己早晚也会被逼上绝路。

第三，独特的谈判风格直接影响谈判成败。要将原则性与灵活性相结合。光有原则性没有灵活性，势必导致谈判僵局，无法进展和突破，最终破裂；光有灵活性而无原则性，势必造成过快让步，损失己方重大利益。即使谈成也易被上级否决或执行不了，终致"抹桌子"。

第四，时刻做到稳健、轻松。不管多紧张、多严峻的谈判，都应始终保持绅士风度，有板有眼，喜怒不形于色。一环紧扣一环，稳扎稳打，步步为赢。

谈不下去时不强谈，及时休会，这也是在释放无形的压力。幽默、诙谐、风趣，这种风格不仅可以调节紧张的气氛，化解误会，缓和冲突，还具有很强的穿透力，形成人格魅力迅速感染对方，成为谈判中心，把控局势，赢得主动。

第五，胜不骄，败不馁。谈判结束即成历史，胜利只能说明过去，未来肯定更加严峻。失败不必懊悔，后悔没有任何意义；吃一堑长一智，来日方长；不经历风雨哪能见彩虹，不交学费难成谈判专家。

　　第六，正确的战略战术组合是谈判成功的关键。关于长期战略与短期战略。若是竞争性的"一次性"谈判，今后不会或不想再发生合作，"一锤子买卖"，那就采取短期战略，就要狠一些，不达目的不罢休，争取利益最大化。若是立足今后长期合作，那就采取长期战略，在尽可能达成有利于己方最好协议的同时，留有充分的合作余地；有时取中间方案；必要时还可主动让步或放弃，取下策以换取长远利益，为未来合作奠定扎实的基础。

　　进攻战术与防守战术。一般需求方或利益受损方采用进攻型战术，供应方或获益方采用防守型战术。

　　"进攻"战术与"短期"战略经常搭配，"防守"战术与"长期"战略经常组合。有时为了迷惑对手，出奇制胜，也反其道而用之。不按常理，打破常规。正所谓"水无常形，招无定式"，让对方开局就乱，疲于应付，取得先机，牢牢地控制谈判主动权。

　　第七，拥有坚持、创新、突破的能力是决定谈判成功的最终因素。办法总比困难多。逆（困）境考验意志和毅力，越是逆（困）境越应坚定信心，怨天尤人毫无意义，坐等一事无成，天上不会掉馅饼，利益不会自然来。最成功的谈判结果往往就在最后一刻的顽强坚持中，拂晓的阳光终究会划过黎明前的黑暗，这一信念对于谈判者至关重要。

　　目标要灵活而合理，为找到创造性的解决方案留有余地。有时制定一揽子计划，捆绑起来更易实现目标；即使放弃一些，得到的也比单独制定计划得到的要多。研究政策，搞懂法律法规，可打一些擦边球，这是创新突破的良招。

多倾听团队成员的意见有利于在谈判困境中创新。有时好招出自善于思考、沉默寡言的人。绝不能忽视少数人的意见，真理有时就在他（们）脑中。

适当借助西方经济学模型进行科学分析可降低谈判创新中的误差。

借鉴中外谈判成功与失败的案例可减少谈判失误。有时历史会发生惊人地相似一幕，让我们规避失败，修正曾经犯下的错误。找到破局办法要果断出手，一旦有 60% 的胜算就毫不犹豫地决断并迅速行动。优柔寡断肯定贻误战机，最后错失一线破局良机，无法走出谈判困境。

○ 谈判中讨价还价的博弈策略

讨价还价是谈判中一项重要的内容，一个优秀的谈判者不仅要掌握谈判的基本原则、方法，还要学会熟练地运用讨价还价的策略与技巧，这是促成谈判成功的保证。

一、投石问路

要想在谈判中掌握主动权，就要尽可能地了解对方的情况，尽可能地了解某一步骤，尽可能地了解对方的影响以及对方的反应如何。投石问路就是了解对方情况的一种战术。例如，在价格讨论阶段中，想要试探对方对价格有无回旋的余地，就可提议："如果我方增加购买数额，贵方可否考虑优惠价格呢？"然后，可根据对方的开价，进行选择比较，讨价还价。通常情况，通过任何一块扔过去的"石头"都能对对方进一步进行了解，而且对方难以拒绝。

二、报价策略

交易谈判的报价是不可逾越的阶段，只有在报价的基础上，双方才能进行讨价还价。（关于此部分内容，在第十一章中已有叙述，在此不做评述。）

三、抬价压价战术

在谈判中，通常没有一方一开价，另一方就马上同意，双方拍板成交的情况，都要经过多次的抬价、压价，才相互妥协，确定一个一致的价格标准。由于谈判时抬价一方不清楚对方要求多少，在什么情况下妥协，所以这一策略运用的关键就是抬到多高才是对方能够接受的。一般而言，抬价是建立在科学的计算，精确的观察、判断、分析的基础上的，当然，忍耐力、经验、能力和信心也是十分重要的。

在讨价还价中，双方都不能确定对方能走多远，能得到什么。因此，时间越久，局势就会越有利于有信心、有耐力的一方。压价可以说是对抬价的破解。如果是买方先报价格，可以低于预期进行报价，留有讨价还价的余地，如果是卖方先报价，买方压价，则可以采取多种方式：

1.揭穿对方的把戏，直接指出实质。比如算出对方产品的成本费用，挤出对方报价的水分。

2.制定一个不断超过预算的金额，或是一个价格的上下限，然后围绕这些标准，进行讨价还价。

3.用反抬价来回击，如果在价格上迁就对方，必须在其他方面获得补偿。

4.召开小组会议，集思广益思考对策。

四、价格让步策略

价格让步的幅度直接关系到让步方的利益，理想的方式是每次作递减式让步，它能做到让而不乱，成功地遏止对方无限制要求本方让步，这是因为：

1.每次让步都给对方一定的优惠，表现了让步方的诚意，同时保全了对方的面子，使对方有一定的满足感。

2.让步的幅度越来越小，越来越困难，使对方感到我方让步不容易，是在竭尽全力满足对方的要求。

3.最后的让步幅度不大，是给对方以警告，我方让步到了极限，也有些情况下，最后一次让步幅度较大，甚至超过前一次，这是表示我方合作的诚意，发出要求签约的信息。

五、最后报价

最后出价应掌握好时机和方式，因为如果在双方各不相让，甚至是在十分气愤的对峙状况下最后报价，无异于是发出最后通牒，很可能会使对方认为是种威胁，危及谈判顺利进行。当双方就价格问题不能达成一致时，如果报价一方看出对方有明显的达成协议的倾向，这时提出最后的报价，较为适宜。

当然，最后出价能够增强，也能够损害提出一方的议价力量。如果对方相信，提出方就胜利了，如果不相信，提出方的气势就会被削弱。此时的遣词造句，见机而行，与这一策略的成功与否就休戚相关了。

○ "胆小鬼策略"和"让步之道"

谈判本质上是非零和的。任何基于冲突的谈判，若谈判失败，则双方都会受损；任何通过谈判达到的协议，对双方来说都会比未达成协议要好一些。适时让步也是一种良策。

让步是谈判达成"共赢"必不可少的，任何一方过于强势都不是最优策略。谢林讨论过两国军事对抗的例子。若一国先动员军队进入战备，另一国不动员战备，则先动员一方得益为 a，不动员的国家得益为 c；若两国都动员军队，双方剑拔弩张，则每国得益都为 0；若两国都休战，则双方各得益为 b。这里，$a > b > c > 0$。显然，如写成 2×2 矩阵，这里有三个纳什均衡: (c, a), (a, c) 与混合策略均衡。而在混合策略均衡中动员军备的均衡概率 $P = c$。谢林敏锐地指出，c 是对方在我方先发制人时的得益，但这里，为了让先发制人方降低动武的概率 P，也需要提高对方的得益 c，而提高 c 就是先发制人一方对对方的让步！

在谈判过程中，对方强烈要求让步的地方，就是对方对于谈判利益的需求所在。在这个时候，如果能做出适当的让步，那么就有机会换取对方在其他方面的更大让步（记住：让步的同时是要对方在其他的方面也做出让步），所以，当对方对你火冒三丈或对你咄咄相逼的时候，也是对方的利益需求充分暴露的时候。比如说一个员工对工资福利有很大意见的时候，对公司而言不一定就是一场危机，反而可能是一个机会，因为管理者可以通过对薪酬福利的让步换取员工更大的劳动积极性，怕就怕员工没有意见但也没有行动。

虽然许多谈判者也知道这个道理，但在谈判实战中往往提不出变换的谈判条件，这主要是对于己方需要获得的利益还没有一个多层面的、全面的把握。所以他们往往死抱着一个或几个谈判条件，要么使谈判陷入僵局，要么被迫做出让步而一发不可收拾。

围绕某一次谈判多发掘己方所需要获得的利益点，相互让步才可真正实现。灵活的让步促成谈判的成功、实现双方利益最大化。

某公司业务经理小张曾经谈过一个合同，作为供应方，小张的报价是 220 万元。经过了解，小张知道需求方能够接受的价格大概是 170 万元，中间有 50 万元的差距。谈判进行一段时间之后，双方争论的焦点集中在该谁让步，让多少的问题上。对方刚开始说可以接受 120 万元的价格。小张给对方的价格是 9 折，而对方提出 6 折的价格作为回应，对此，小张再从 9 折降到 8.8 折给出让步。实际上此时小张传达给对方的信息是：供应方价格让步的空间已经很小了，其让步幅度不是10%，而是2%。这样，小张就把对方的期望值降低了。

所以在让步的时候，一定要掌握适度让步的策略。关于适度让步，有很多小技巧，下面详细分析一下这些技巧。

一、在次要问题上做出让步

当谈判不得不做出让步时，要注意，一定是在次要问题上做让步，不能在主要问题上让步。在准备谈判目标的时候，要界定好哪些是主要问题，哪些是次要问题，同时在谈判开始时要设定让步的底线。另外，不要过早地让步，不要谈判一开始就让步。既然是谈判，那就应先谈而后再去判，再决定做事情。让步的时机要掌握好，过早了不行，太晚了对方会觉得你没有合作的诚意。

二、假设性提议

另外，更重要的一点，让步必须有所得，让步不是单方面的，一定是你让出一块，对方也要给你相应的东西，这是谈判的宗旨，实现"双赢"就要有舍有得。当然你舍弃的内容不是最关键的，而是次要的问题，但是对方舍弃的次要的问题，对我们来讲是主要的问题，这就是一个交换过程。让步的时候，一定要用假设性的提议来把双方的情况套起来。

三、一揽子谈判

在让步的时候，也可以作一揽子的谈判，也就是把很多内容夹杂在一起跟对方谈，比如他关心的技术问题、价格问题、付款问题、交货日期等，都可以放在一起谈，这样可以在次要的问题上作出比较大的让步，在主要问题上坚决不让。例如在谈价格的时候，对方肯定希望把价格和付款一起谈，不会是先谈好价格、折扣，再谈付款，这样在价格和付款上都得不到优势，但如果把价格和付款一揽子来谈，对方就可以作出很大的让步。所以可以用一揽子的谈判的方法，得到对方适度的让步。

四、避免对最后提议的拒绝

做出一定的让步之后，一定要弄清楚让步能不能得到相应的内容，如果做出了让步，遭到对方的拒绝，最后的提议被否决了，让步等于白让，所以要特别注意避免这一点。

○ 关注长远关系，别为小利撕破脸

谈判是为了合作，合作才能"共赢"，谈判要尽量在可接受的条件下促成合作。尤其不要为眼前的小利撕破脸，要看到长远的利益。当然，这并非意味着谈判要一味地退让，要让自己在谈判中占据适当的优势，需要一些相应的技巧。

年轻人向富翁请教成功之道。富翁拿了三块大小不等的西瓜放在青年面前问他："如果每块西瓜代表一定程度的利益，你选哪一块？"年轻人毫不犹豫地回答："当然是最大的那块！"富翁听了，笑道："好，那请用吧！"富翁把最大的那块西瓜递给年轻人，自己则吃起了最小的那块西瓜。

很快，富翁吃完了小块西瓜，他拿起桌上那块第二大的西瓜，在年轻人眼前晃了晃，接着大口吃了起来。

年轻人马上就明白了富翁的意思！富翁吃的西瓜虽然每一块都比年轻人的西瓜小，但加起来之后，却比年轻人吃得多。而如果每块西瓜各代表了一定程度的利益，那么富翁所占的利益自然要比年轻人多得多。

有很多时候，我们发现眼前的利益就是最大和最好的，而等到我们把事情做完后才发现原来还要耗费那么多的精力和时间。而如果用同等的精力和时间去做别的事情，虽然一下子没有那么大的利益，但是做的事情却多得多，总利益也比做一件事情来得要多得多。要想使一个企业有大的发展，管理者就要有战略的眼光，要学会放弃，只有放弃眼前的蝇头小利，才能获得长远的大利。

成功的企业之所以成功，是因为他们的战略都是长期的，都是富有远见的。

杰夫教授是一名出色的谈判专家，他经常教导学生：谈判双方为了实现自己的利益，坐到一起，都应得到一定利益，也应该放弃一些预定的利益。如果一方希望不让对方得利，这种谈判注定是要失败的，除非这方占有绝对优势，对方根本没有选择的余地。

许多谈判者都因为在小利益上咄咄逼人而损失了整个交易。如果你已经做好了充足准备，你就能了解最重要的是什么，哪些是希望得到但并不必需的，哪些是可有可无的。如果你没有准备好，你可能会不知道重要问题之所在，于是把自己的努力浪费在对方看来微不足道的目标上。如果你使用"蚕食术"（即企图在谈判结束前再一点点"刮下"一些让步），或在对方已提供他们认为相当大的好处之后，仍得寸进尺地争取对方明确表示不能提供的条件，那么，这只会导致对方的不信任。

过分计较会惹人厌恶，但这个尺度并不那么好把握。为了避免表现得过于小气，最好是把较小的要求混在其他要求里，或者你也可以说明尽管这个问题不如已商讨过的问题重要，但你对它还是有些意见。然后，聪明地选择你的问题。